Juan Carlos Pérez Jiménez

La mirada del suicida

El enigma y el estigma

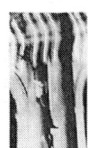

Esta obra ha recibido una ayuda a la edición del Ministerio de Educación, Cultura y Deporte.

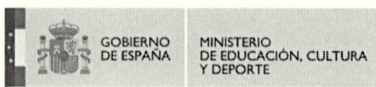

Primera edición: 2011
Primera reimpresión: 2013

© Juan Carlos Pérez Jiménez.
© Plaza y Valdés Editores.

Director de la Colección Hispanica Legenda: Vicente Serrano Marín.
Comité asesor internacional: Carmen Caffarel Serra, Félix Duque Pajuelo, Hans Ulrich Gumbrecht, Vicente Luis Mora, Javier Roiz Parra y Juan Urrutia Elejalde.

Derechos exclusivos de edición reservados para Plaza y Valdés Editores. Queda prohibida cualquier forma de reproducción o transformación de esta obra sin previa autorización escrita de los editores, salvo excepción prevista por la ley. Diríjase a CEDRO (Centro Español de Derechos Reprográficos, www.cedro.org) si necesita fotocopiar o escanear algún fragmento de esta obra.

Plaza y Valdés S.L.
Murcia, 2. Colonia de los Ángeles.
28223, Pozuelo de Alarcón. Madrid (España)
☎ (34) 918126315
e-mail: madrid@plazayvaldes.com
www.plazayvaldes.es

Plaza y Valdés, S.A. de C.V.
Manuel María Contreras, 73
06470, Colonia San Rafael. México, D. F. (México)
☎ (52) 5550972070
e-mail: editorial@plazayvaldes.com
www.plazayvaldes.com.mx

ISBN: 978-84-15271-01-7
D.L.: NA-1976/2011

Diseño de cubierta: María Rosa Encinas
Ilustración de portada interior: Sarah Charlesworth, Stills, 1981 ©

*En memoria de un millón de personas,
las que cada año se quitan la vida.*

En memoria de mi padre.

Índice

Introducción 9

Capítulo I. Anatomía del suicidio 19
    El suicidio mítico 22
    El suicidio bíblico 26
    La vida tediosa 33
    El *mal inglés* 38
    El suicidio romántico 44
    El suicidio patológico 51
    Otras miradas 60
    El cementerio de los suicidas 63

Capítulo II. Un millón de vidas 71
    Los supervivientes 74
    Negar la realidad 83
    El horror de las cifras 89
    Constelaciones de causas 95
    La geografía del suicidio 99
    Suicidio y salud política 105
    Suicidio colectivo 111
    Homofobia mortal 118

Capítulo III. Un pacto de silencio 123
    El efecto Werther 126
    El factor de contagio 132

El suicidio no es noticia 139
Una información responsable 145
Romper el silencio 151
El suicidio mediático 157
El último tabú 163

CAPÍTULO IV. EL DOLOR INVISIBLE 169
El imperio de la serotonina 175
El remedio equivocado 182
Situaciones límite 191
La píldora de Drion 196
Signos de alerta 206
¿Qué hacer? 210
Un problema de todos 219

ÍNDICE ANALÍTICO 223

Introducción

Nunca un problema tan grave recibió tan poca atención. El suicidio se cobra más vidas que los accidentes de coche en todo el mundo y el número de casos ha aumentado un 60% en los últimos cincuenta años. El sentimiento de sorpresa generalizado que se observa cuando alguien averigua estos datos revela el nivel de secuestro al que está sometida esta información. El grado de desconocimiento público sobre el suicidio es solo comparable a la importancia de la cuestión. Un millón de suicidios al año. Esa única cifra debería hacer saltar todas las alarmas y convertir el suicidio y la salud mental en prioridad absoluta para los gobiernos de todos los países. Porque, además, cada suicidio supone una devastación emocional, y a veces también social y económica, para una media de seis familiares o amigos cercanos, cuyos dramas arrancan en el momento en que el suicida decide poner fin a su sufrimiento quitándose la vida, por lo que la cifra de afectados rondaría los siete millones de personas al año. Y la tendencia sigue aumentando.

Todos somos conscientes de que estamos expuestos a la casuística de un accidente de tráfico, que la estadística nos puede convocar cualquier día a formar parte de las listas de fallecidos en carretera. Ante esa posibilidad, tomamos medidas, procuramos ser precavidos y las instituciones nos recuerdan, de formas a veces brutal, el peligro al que nos exponemos, para que el mensaje cale e intentemos evitarlo por todos los medios. Somos conscientes del riesgo que supone conducir un coche, pero no lo somos tanto del peligro que supone conducirnos a nosotros mismos. Hemos asumido que las ventajas de los desplazamientos en automóvil exijan esa cifra, pero, por el contrario, en lo que se refiere al suicidio, ni siquiera estamos advertidos de que el tránsito por la vida se cobra un peaje tan alto. Nadie nos proporciona una mínima formación ni se requiere un carnet de circulación o un seguro obligatorio para deambular por el mundo, nadie se preocupa de si nos manejamos por la vida ebrios o drogados, si nuestra tasa de alcohol en sangre puede ponernos en peligro a nosotros o a otros. No estamos obligados a llevar cinturón alguno que nos proteja en caso de impacto, ninguna campaña publicitaria nos advierte de los peligros que acechan, ni siquiera se nos informa de las bajas que a diario se cobra esta forma de muerte. Frente al puntual dato que cada lunes hace recuento de los fallecidos en carretera durante el fin de semana, una cifra incluso más alta de muertos a manos propias permanece en el más profundo de los olvidos. Se supone que se trata de evitar una posible conducta imitativa, pero la estrategia del silencio no está funcionando. Ocultar unas cifras que resultan estremecedoras no evita la epidemia. Algo está mal enfocado a la hora de abordar la dimensión que debe ocupar el problema del sufrimiento humano capaz de llevar a un individuo a quitarse la vida. La coartada de que no se comenta para que la idea no se extienda aún más parece de un paternalismo demasiado endeble a estas alturas de la historia de la Humanidad. Habremos de empezar por sobreponernos al rechazo que de entrada nos provoca el suicidio, así como al rechazo del que somos objeto por parte de los suicidas, si queremos abordar con realismo el estado de la salud mental y el bienestar emocional de nuestra sociedad para conseguir algo al respecto.

Porque el suicidio se estigmatiza como una disfunción, un exabrupto del comportamiento humano sobre el que solo sabemos sentir compasión o repulsión. Pero se hace inevitable atender un problema que ya ha alcanzado proporciones escalofriantes. No podemos apartar la vista por mucho más tiempo de una realidad que demanda una atención plena y un abordaje frontal. Las cifras del suicidio revelan la precariedad de nuestra salud mental como colectividad con una contundencia demoledora. Y si son un millón las personas que cada año traspasan el umbral de sufrimiento humanamente soportable no podemos dejar de preguntarnos por el estado emocional de todos aquellos que padecen afecciones psíquicas más o menos graves, pero que no llegan a dar el paso de quitarse la vida. El número de suicidas es solo la parte visible del iceberg de las afecciones emocionales colectivas, un problema de salud pública de primera magnitud que nuestra sociedad no parece saber abordar.

Entre las contradictorias ideas que surgen al plantear una reflexión sobre el suicidio se encuentra, por una parte, la que nos lleva a admitirlo como un derecho del individuo. Somos muchos los que compartimos la convicción de que debe existir un reducto último de libertad personal —sean cuales sean las circunstancias vitales— en el cual un ser humano pueda decidir siempre si desea o no vivir y la creencia de que esa voluntad del implicado sobre su propia muerte debe ser inalienable. Por otra parte, no podemos evitar repudiarlo porque el concepto de suicidio entra en conflicto con la propia esencia de la vida y genera una aversión automática como aberración contra natura. El suicidio de cualquier ser humano provoca un sentimiento profundo y visceral de rechazo y llega a desatar un discurso cargado de reproches hacia quienes optan por librarse del sufrimiento cotidiano de una manera que algunos consideran cobarde y otros cargada de un valor inhumano. Limitarnos solo a esta última visión condenatoria del suicidio nos evitaría tener que pensar en un problema que, por cercano y frecuente, provoca el escalofrío de la sordidez convertida en cotidianidad. Pero estamos obligados a dejar de pensar que el tabú del suicidio se fundamenta en la fuerza de una supuesta ley universal e innata, que impide atentar contra la propia vida. Esa ley no tiene vigencia, puesto que se transgrede nada menos que un millón de veces al año. El verdadero tabú en el que debemos reparar reside en la férrea ley del silencio que la sociedad se ha impuesto a sí misma, el pacto colectivo para mirar hacia otro lado, investido de respeto o de desprecio, pero que en definitiva esquiva la mirada del suicida y de sus familiares como cómplices indirectos o sospechosos de estar afectados por el mismo mal. La cuestión pendiente que se pone sobre la mesa es la necesidad que tenemos de afrontar los abismos del alma humana, el requisito urgente de normalizar el tratamiento de la salud mental como hemos sabido hacer con la salud del cuerpo y que, por algún motivo, preferimos ignorar.

Se intuye de entrada que la angustia y la desazón que provoca el suicidio van más allá del dolor por la pérdida de una vida. Porque el desafío que plantea el suicida a los valores sobre los que nos fundamentamos es tan hondo que, al luto y la pérdida, se les suma el cuestionamiento de la existencia. Ese interrogante sobre el verdadero valor de la vida resulta tan incómodo y es tan difícil de afrontar que su ocultación se convierte en una de las razones del secretismo y el tabú que rodean al suicidio. La incógnita que se despeja en el acto de elegir la propia muerte atribuye tan poco valor a la vida que su lógica desborda los límites de la razón entre los que nos manejamos. Nuestra humana incapacidad para

Introducción

entender un acto tan radical es precisamente lo que nos mantiene vivos. El descrédito que supone para valores esenciales como el vínculo, el amor, el interés por el otro o la responsabilidad hacia los demás es tajante e incontestable. El suicidio no es solo una forma de morir, es una acusación. Y en la incapacidad para replicar con la que nos deja el suicida radica la clave de la potencia de su acto. El desamparo es absoluto en tanto que se plantean preguntas que jamás obtendrán respuesta. Al rechazo que provoca el cuestionamiento de lo social se suma la extrema perplejidad del ámbito más cercano a la víctima y autor. La violencia dirigida hacia los demás es tan fuerte como la infligida sobre sí mismo. Y ese proceso resulta extremadamente difícil de digerir para quienes deben al mismo tiempo hacer el duelo y encajar la agresión.

Los ojos del suicida captan la imagen de un mundo despiadado, que le ha arrollado sin inmutarse. El que va a morir por su propia mano mira a la cara a la muerte y nada detiene su incomprensible iniciativa porque absolutamente nada le reconforta. El suicida denuncia con su gesto todas las soledades, los abusos, la incomprensión, las injusticias y la violencia que quedarán sin resolver para siempre. Sus ojos han visto lo que duele vivir. Igual que petrifica la visión de Medusa, los ojos del suicida en el momento de morir nos congelarían el alma de tal modo que no podríamos sostenerle la mirada. En ellos se confunde la desesperación terminal con el reproche a un mundo que le ha vencido y, como único recurso, devuelve la agresión extendiéndola a los demás a través de su propio cuerpo. La mirada del suicida ya comunica en vida su mensaje de angustia, como recoge en sus últimas palabras un hombre de 49 años, que escribió esta nota antes de dispararse una bala en la cabeza: «Estoy sentado solo. Ahora, por fin, libre del tormento mental que he estado experimentando. Esto no debería ser una sorpresa. *Mis ojos han hablado durante mucho, mucho tiempo de esta angustia que siento*. El rechazo, los fracasos y las frustraciones me abruman. No hay manera de salir de este infierno. Adiós, amor. Perdóname».[1] No soportamos esa mirada saturada de sufrimiento y nuestra reacción natural es apartar la vista. Pero se hace imprescindible elevar la cuota de humanidad con la que nos tratamos unos a otros y a nosotros mismos, y hacernos cargo de los niveles de padecimiento psíquico que genera vivir. Y el primer paso consiste en mirarnos a los ojos.

Recuerdo el primer caso de suicidio del que tuve noticia, cuando tenía unos doce años. La víctima fue una amiga de la familia, una mujer guapa, de 40 años escasos y madre de dos hijas pequeñas y un hijo aún menor. Casada con un comerciante trabajador y amable, ella se dedicaba a la casa y a cuidar de sus niños. Un día de verano supe que había ingerido la cantidad suficiente de lejía como para provocarle la muerte. El suicidio por ingesta de un producto cáustico (en latín, *causticum*, «que quema») suele ser largo y angustioso. Provoca un dolor intenso y agudo en la boca y todo el tracto digestivo, que se acompaña de vómitos alimenticios al principio y luego hemorrágicos con restos de la mucosa destruida. Debido a que suelen desprenderse gases, estos ocasionan eructos que aumentan el dolor. Los vómitos, los eructos y los intentos de deglución originan tal estado de sufrimiento que puede producirse un colapso cardiocirculatorio con bajada de la tensión arterial y pulso cardiaco rápido y débil con resultado final de muerte. Aunque yo desconocía entonces estos terribles detalles físicos, me resultó evidente que se trataba de una de las peores formas imaginables de morir. Ahora lo relaciono con algo

---

[1] Recogida en Edwin S. Schneidman, *The Suicidal Mind*, Nueva York y Oxford: Oxford University Press, 1996, p. 15.

parecido al *sati*, el suicidio ritual de las viudas en India, que se inmolan arrojándose a la pira funeraria de sus esposos para quemarse vivas. En aquel caso, el incendio se lo provocó ella de dentro a fuera, sin público y sin un motivo social evidente que sugiriera la mínima explicación a una violencia voluntaria de tal calibre. La conmoción ante aquella noticia aún me dura. Imagino, porque yo también los he vivido, los sentimientos de tristeza, abandono e incomprensión que invadirían a sus hijos y a su marido y que se instalarían en ellos para toda la vida.

Por ellos, por todos los familiares y todas las víctimas de la menos deseable de las muertes —la muerte deseada—, y a modo de manifiesto, me gustaría que esta lectura sirviera en alguna medida para elevar la conciencia sobre esta alarmante realidad, para hacer llegar el mensaje de que el suicidio nos incumbe a todos. Ya sea porque nuestra propia vida nos enfrente a él, ya porque alguien a quien queremos nos coloque en la tesitura de lamentar su muerte, o porque es un hecho demostrado que a nuestro alrededor se padecen sus consecuencias ante el desconocimiento general. Es notoria la incapacidad para ofrecer consuelo de un mundo que no entiende el suicidio y que solo sabe procesarlo en forma de escándalo secreto. Pero resulta prioritario mirarlo de frente e identificar a ese enemigo solapado que nos asalta en medio de la indefensión absoluta. Debemos rebelarnos ante la idea de vivir inermes y pasivos ante esta realidad ominosa de la que nadie quiere hablar.

Capítulo I

Anatomía del suicidio

Un libro titulado *Anatomía del suicidio*, publicado en 1840 por el médico Forbes Winslow, recogía casos de suicidio llevados a cabo por métodos excéntricos y acumulaba historias de hombres y mujeres que habían muerto de formas tan llamativas como acuchillarse con sus propias gafas, arrojarse a los osos del Jardin du Roi de París o colgarse del badajo de la campana de la iglesia local. En el estudio de la anatomía del suicidio contemporáneo ya no se trata de buscar lo excepcional ni el fenómeno único para exhibirlo como atrocidad. El escándalo y la denuncia fueron costumbre y las únicas conductas concebibles durante mucho tiempo, pero una aproximación que aspire hoy a profundizar más en esta forma de muerte deberá reparar de manera prioritaria en su extraordinaria frecuencia, pasará necesariamente por reflexionar sobre las posibles causas que la disparan —en un difícil intento de autopsia psicológica— y, sobreponiéndonos a la tentación de apartar la mirada, llevará a analizar las tremendas repercusiones que tiene en nuestro mundo.

Para poner en contexto nuestra visión actual del suicidio, para entender el origen de nuestros prejuicios y concepciones previas, lo primero que resulta imprescindible es examinar cómo se fue construyendo el concepto del suicidio a lo largo de los siglos. La herencia de ideas y actitudes sociales históricas ha contribuido enormemente en la forja de su concepción actual, sobre todo por tratarse de un tema que apenas se aborda abierta y directamente. El peso de las perspectivas tradicionales de la religión, la justicia y las actitudes sociales del pasado siguen ejerciendo su influencia en nosotros. Por eso conviene hacer un recorrido genealógico sobre la elaboración del discurso filosófico, político y religioso a través del tiempo, que nos permita fundamentar y abordar con mayor precisión esta polémica cuestión y entender el origen de nuestras propias ideas.

El suicidio mítico

Averiguar las causas del rechazo social en el que se ve envuelto el suicidio exige echar la vista tan atrás como nos sea posible y revisar cómo las diferentes culturas han abordado una práctica que se conoce desde el principio de los tiempos. La condena implícita del suicidio —o la explícita, que aún se aplica en algunas partes del mundo— tiene profundas raíces culturales que han ido tomando formas distintas a lo largo de los siglos. Ya en el antiguo Egipto aparece la primera referencia al suicidio de la que se tiene constancia, en un poema titulado *La disputa entre un hombre y su Ba* («alma»), fechado en el Imperio Medio, hace unos 4.000 años, en el que un hombre se lamenta de la dureza de la vida. Para la visión occidental, será la cultura grecolatina la que siente las bases del discurso, que se presenta desde el inicio con una concepción dual al respecto. En la Antigüedad Clásica se identifica claramente un doble rasero de tolerancia y aceptación con respecto al suicidio en las clases altas, y una actitud de condena y desprecio por la muerte voluntaria de los humildes. La profusión de referencias y la existencia de una normativa al respecto lleva a pensar que el suicidio, noble y plebeyo, fue una práctica socialmente significativa. Las alusiones de textos griegos y latinos al suicidio tolerado —incluso admirado en algunos casos— atienden a motivos muy diversos: heroísmo, patriotismo, lealtad, fanatismo, locura o también por decreto, que era un tipo de suicidio promovido por el Senado romano. De hecho, se aplicaban incluso algunos supuestos de eutanasia, ya que el suicidio del enfermo incurable era aceptado. Se consideraba que el enfermo terminal tenía los motivos y el derecho para disponer de su propia vida y se aceptaba el suicidio promovido por el sufrimiento extremo o la enfermedad irreversible. Se estimaba más la idea del *bien morir* que el hecho de alargar la vida a toda costa; como afirma la ninfa Ío en el *Prometeo encadenado* de Esquilo: «Mejor es morir de una vez que tener que sufrir miserablemente todos los días». Las ideas filosóficas de estoicos, pitagóricos y epicúreos y, en cierta medida, también platónicos y aristotélicos, forjaron una concepción del suicidio como vía de escape a la condena del sufrimiento ineludible. Los romanos y los griegos valoraban especialmente el hecho de morir con decencia, racionalmente, y al mismo tiempo con dignidad. En particular, estoicos y epicúreos creían firmemente en el derecho individual a elegir el modo y el momento de la muerte. La idea de Platón, compartida por Aristóteles al respecto, es que el suicida priva a la sociedad y a la familia del suicida de su potencial como persona, por lo que consideran que, en este sentido, su rechazo de la vida, la familia y la polis es injusto. No obstante, ambos admiten excepciones y lo exculpan en caso de desgracia insoportable, miseria inevitable o sufrimiento extraordinario.

    Para los hombres y mujeres libres, la forma de morir era un reflejo del valor otorgado a la propia vida, un recurso al que podían acudir en caso de enfermedad, penuria o deshonor. Por eso, entre los suicidas ilustres de este periodo encontramos a reinas como Cleopatra, grandes generales como Marco Antonio o el bravísimo Aníbal, conspiradores como Casio y Bruto, y filósofos asediados como Séneca y Sócrates, sin que la gloria de ninguno de ellos disminuyera tras lo que hoy se consideraría una muerte ignominiosa. Para Séneca, en particular, el suicidio es una garantía de la capacidad última de decisión del hombre, de la facultad para liberarse de servidumbres. En su obra *De la ira* escribe: «¿Quieres libertad? Elige cualquier vena de tu cuerpo». En consecuencia, celebra el suicidio de Catón como «el triunfo de la voluntad humana sobre las cosas», y él mismo se quitará la vida llegado el momento. El también estoico Plinio iba aún más allá y afirmaba que la capacidad del hombre para darse muerte a sí mismo es una ventaja sobre la propia divinidad, ya que «Dios, aun cuando quisiera, no podría darse muerte ni ejercitar este privilegio que concedió al hombre en medio de tantos sufrimientos de la vida».[1] La tradición clásica establece los cánones morales del suicidio heroico también en el arte, en obras como la escultura del *Gálata suicida y su esposa*, conocida a través de una copia romana del original griego fechado en el siglo III a. C. Un guerrero de anatomía perfecta se clava la espada en el corazón tras haber dado muerte a su esposa: todo antes que caer en manos del enemigo que conquista su territorio. Y, en la literatura, el suicidio se utiliza como recurso capaz de convertir a los hombres en héroes y a los héroes en dioses, más que como reflejo de una realidad angustiosa y cruel que se ceba sobre los más desgraciados. Áyax, Antígona o la reina Dido inician la tradición de decidir sobre el momento de su muerte, una decisión que los elevaba sobre sus desgracias y sobre sus congéneres: «Los héroes hacen el sacrificio supremo cuando es la única manera de compensar una falta

---

1 Plinio, *Historia Natural*, Libro II, Capítulo 7.

vergonzosa o de superar un obstáculo insalvable por medios humanos. A través del suicidio sobrepasan su condición de mortales y se alzan sobre la humanidad ordinaria».[2]

En Roma sí se penaba, en cambio, lo que se entendía como el suicidio irracional, el que no tenía una explicación evidente, y prevalecía la idea de que quien no era capaz de cuidar de sí mismo tampoco cuidaría de los demás, por lo que se despreciaba al suicida sin causa conocida y no darle sepultura era una práctica habitual. Cuando las motivaciones no eran refrendadas por el Estado, se prohibía realizar un funeral con honores de sepultura y la mano derecha era cortada y apartada del cuerpo. George Minois, en su enciclopédica obra *Historia del suicidio*, está convencido de que en este periodo se genera esa doble moral que distingue por grupos sociales la legitimidad de la práctica del suicidio. Existía, por una parte, el culto al suicidio noble, representado por las muertes de Aristodemo, Temístocles, Isócrates, Demóstenes, Pitágoras, Empédocles, Demócrito, Diógenes, Zenón, Lucrecia, Lucano, Petronio, Nerón y tantos otros, pero el suicidio era ilegal para los esclavos y los soldados de a pie, sencillamente porque un esclavo pertenecía a su amo, y no era dueño de su vida. Se condenaba la iniciativa de darse muerte a los que encarnaban la fuerza de trabajo porque su decisión afectaba a quienes se beneficiaban de su actividad. A los esclavos de la Grecia antigua se les prohibía darse muerte porque eran esenciales para la agricultura y para el mantenimiento de la sociedad. El soldado que se quitaba la vida debilitaba a su ejército, y el civil que se suicidaba privaba al Estado de sus impuestos y sus servicios. Para disuadir a un suicida potencial, entre los romanos se llegaba a denegar el derecho de herencia a los familiares de

---

[2] Georges Minois, *History of Suicide. Voluntary Death in Western Culture*, Baltimore y Londres: Johns Hopkins University Press, 1999, p. 15.

un suicida no legitimado. Esta distinción de orden económico está en la raíz de la división que separa, por un lado, el suicidio mítico que tanto la pintura como la literatura y la historia se han encargado de retratar con pinceladas heroicas y, por otro, el suicidio ordinario, el de la persona corriente que se quita la vida sin coartada, simplemente porque no puede soportar su peso. Cuando esa decisión la tomen un hombre de a pie, un vasallo o un esclavo, caerá sobre ellos todo el peso de la ley, la furia de una sociedad que convierte el derecho a decidir sobre la propia vida en patrimonio colectivo.

El suicidio bíblico

El Antiguo Testamento, que junto con la tradición del Derecho Romano es uno de los referentes básicos en la construcción de la moralidad occidental, recoge repetidas referencias a suicidios ocurridos en diversas circunstancias, pero no lo condena ni lo condona en ningún pasaje. De hecho, sus libros están repletos de cadáveres heroicos de personajes que se quitaron la vida, que distan mucho de ser tratados como pecadores. Es el caso de Saúl, el primer rey de Israel, que después de ser herido en batalla y temeroso del destino que sus enemigos le tuvieran reservado se suicidó: «Entonces Saúl dijo a su escudero: "Saca tu espada y atraviésame con ella, no sea que vengan esos incircuncisos y me atraviesen, y hagan mofa de mí". Pero su escudero no quiso, porque tenía mucho miedo. Entonces Saúl tomó la espada y se dejó caer sobre ella».[3] Al ver lo que había hecho su señor, su escudero se echa a su vez sobre su propia espada, y muere con él. También Sansón se quitó la vida a sí

---

3 1 Samuel, 31:4.

mismo, en este caso en defensa de la patria: «Y dijo Sansón: ¡Muera yo con los filisteos! Entonces empujó con fuerza y el edificio cayó sobre los jefes y sobre toda la gente que estaba en él. Y fueron más los que mató al morir que los que había matado durante su vida».[4] Se relata en el Libro de los Jueces otro caso en el que un hombre, Abimelec, ordena su muerte al no poder soportar el deshonor que le suponía haber sido herido por una mujer.[5] También Ahitofel, uno de los consejeros del rey Absalón, se ahorcó tras la humillación que le supuso que el rey rechazara su consejo.[6] El caso de Eleazar se recoge como el de un personaje ennoblecido por su suicidio altruista, un hombre que «dio su vida para salvar a su pueblo y conquistó fama inmortal».[7] Y así de explícito es el relato bíblico de otro suicidio heroico, el de Razís: «Las tropas estaban ya a punto de tomar la torre donde se encontraba Razís y trataban de forzar la puerta de fuera, habiendo recibido órdenes de prender fuego y quemar las puertas cuando Razís, acosado por todas partes, volvió su espada contra sí mismo prefiriendo morir noblemente antes que caer en manos de aquellos criminales y sufrir injurias indignamente. Pero con la prisa de la lucha falló el golpe; entonces, cuando las tropas ya entraban por las puertas, corrió animosamente hacia lo alto de la muralla, y con gran valor se lanzó sobre la tropa. Rápidamente los soldados se retiraron a cierta distancia, y él cayó al vacío. Todavía respirando, lleno de ardor a pesar de estar gravemente herido, se levantó bañado en sangre, pasó corriendo por entre la tropa, se colocó sobre una alta roca y, casi completamente desangrado, se arrancó las entrañas y, tomándolas con las dos manos, las arrojó sobre la tropa, pi-

---

[4] Jueces, 16:28.
[5] Jueces, 9:54.
[6] 2 Sam., 17:23.
[7] 1 Mac., 6:45.

diendo al Señor de la vida que algún día se las devolviera. De este modo murió».[8] En ninguno de estos episodios se aprecia el menor rastro de juicio moral ni se expresa condena alguna por parte de las Escrituras. Ya en el Nuevo Testamento encontramos al más famoso de los suicidas bíblicos, un Judas tan perturbado después de traicionar a Jesús que se ahorcó.[9]

La glorificación del suicidio honorable que se recoge en la mayoría de estas menciones bíblicas se contradice con la posición de condena que pronto adoptaron los cristianos, basándose en una interpretación discutible del Quinto Mandamiento. Aun así, entre los primeros cristianos sigue vigente el concepto de «muerte antes que deshonor», heredero de la tradición pagana encarnada en el suicidio de Lucrecia tras su violación, cuya venganza dio origen a la República romana. Los numerosos mártires víctimas de la persecución del Imperio contradicen la estricta prohibición que el cristianismo se encargaría de fijar, porque en muchos casos sus muertes fueron voluntarias. Es el caso, por ejemplo, de Santa Pelagia de Antioquia, que se tiró desde el tejado ante la eventualidad de ser violada durante la persecución de Diocleciano a los primeros cristianos a comienzos del siglo IV; o, entre otros muchos, el de Santa Apolonia, que saltó a la hoguera por su propio pie cuando se vio en manos de sus perseguidores. Incluso el propio Jesucristo es identificado como protomártir y protosuicida cuando decide entregar su vida para lavar con su sangre los pecados de los hombres. Como recoge la Biblia, él mismo dijo: «Nadie me quita la vida, la doy voluntariamente».[10]

En el siglo IV, una vez finalizada la persecución, es cuando el cristianismo adopta su postura de intransigencia

---

[8] 2 Mac., 14:42-46.
[9] Mat., 27:5.
[10] Jn 10:18.

radical con respecto al suicidio, apoyándose en los postulados del neoplatonismo, la corriente filosófica más influyente entre los antiguos cristianos, que consideraba que el hombre no debía abandonar voluntariamente el lugar asignado por Dios y entendía que el suicidio afectaba al alma negativamente después de la muerte. Siguiendo la tradición romana, la visión de la posesión de la vida humana pasó de manos del amo a manos de Dios, por lo que el hombre, tanto desde la óptica del poder político como de la religión, será desprovisto del derecho a disponer de ella. Esta concepción se consolida con San Agustín, que considera que cualquier forma de suicidio va en contra de la ley natural y es quien lo cataloga como «pecado mortal». En su argumentación condenatoria, San Agustín describe el suicidio como una «perversión detestable y demoniaca»,[11] ya que es Dios quien otorga la vida y los sufrimientos y, por lo tanto, estos tienen que ser soportados. Este Padre de la Iglesia afirma en su exposición al respecto que: «Ningún hombre puede infligirse la muerte a sí mismo a voluntad meramente para escapar a dificultades temporales [...] porque una vida mejor tras la muerte no es para quienes perecen por su propia mano».[12] La argumentación de San Agustín se centra, significativamente, en la condena religiosa de la *decisión individual* de acabar con la vida humana, dejando abierta la puerta para la muerte en la guerra y para las ejecuciones autorizadas por el poder político e, indirectamente, por Dios: «Sabemos que no existe ley alguna que permita quitar la vida, incluso al culpable, *por iniciativa privada*, y, por tanto, quien se mata a sí mismo es homicida».[13] La Iglesia ha combatido el suicidio históricamente con la misma vehemencia con la que ha sido condescendiente con la pena

---

[11] San Agustín, *La ciudad de Dios*, Libro I, Capítulo XXV.
[12] Ibíd., Libro I, Capítulo XXVI.
[13] Ibíd., Libro I, Capítulo XVII.

capital o los conflictos armados. Una argumentación, pues, débil, si se nos quiere hacer creer que se trata de una defensa a toda costa de la vida como bien divino.

Por otro lado, para justificar los casos de suicidio relatados en la Biblia de personajes santificados por las Escrituras, San Agustín recurre a argumentos espurios: «el que Sansón se sepultara con sus enemigos entre las ruinas del templo solo se excusa por alguna secreta intimación del Espíritu Santo, que obraba milagros por su medio».[14] Y de nuevo vuelve a echar mano de la entelequia del Espíritu Santo para intentar justificar la entrega voluntaria de Cristo a la muerte, que es, según él, lo que intermedia en esta ocasión para expresar la voluntad de Dios. Lo mismo aduce respecto de ciertas «santas mujeres» que se dieron muerte en tiempo de persecución y cuya memoria celebra la Iglesia, e incluso justifica la muerte de Lucrecia o de Catón, argumentando su desconocimiento de la palabra divina, lo que equivale a decir que el desconocimiento de la ley de Dios exime de su cumplimiento. Se trata, en suma, de una prohibición que arrastra demasiadas excepciones para resultar convincente.

Pero la sentencia estaba ya escrita y en el concilio de Arlés, celebrado en 452, se registra por primera vez la condena oficial del suicidio por parte de la jerarquía cristiana, por ser considerado de inspiración demoniaca, según había informado previamente San Agustín. El Concilio de Braga (561) lo sancionó penalmente al dictaminar que el suicida no fuera honrado con ninguna conmemoración en la liturgia y que se le excluyera del camposanto. Más adelante, en el Concilio de Toledo (693), se decreta la excomunión de los suicidas. Con esas regulaciones se inicia una larga histo-

---

[14] San Agustín, *La ciudad de Dios*, Libro I, citado por Santo Tomás de Aquino, *Summa Theologica*, II-II, Cuestión 64, Artículo 5.

ria de profanaciones del cuerpo y escarnio de la memoria de los suicidas, con unas implicaciones de sufrimiento incalculable para sus familias y allegados. Desde entonces, el cadáver del suicida fue vejado, su memoria difamada y sus bienes arrebatados. La historia de la cristiandad acumula un siniestro catálogo de agresiones contra los cuerpos de los suicidas, sus posesiones y sus familias, que convendrá revisar con más detalle para entender el calado de este rechazo.

Durante toda la Edad Media el suicidio siguió siendo rígidamente castigado por las leyes religiosas cristianas, pero continuó manteniendo sus dos caras, en función del origen social. Hacía estragos entre los más desfavorecidos, sin cebarse tanto en los nobles, que tenían otras conductas compensatorias que les permitían evitar el homicidio de sí mismos: «Los torneos, la caza, la guerra y las cruzadas les ofrecían oportunidades para exponerse a la muerte o sublimar sus tendencias suicidas, pero los campesinos y los artesanos solo tenían la soga o el río si querían poner fin a sus miserias».[15] Además, cuando tenía lugar, el suicidio de los nobles era considerado una cuestión social y, por tanto, hasta cierto punto, honorable. El desamor, la justicia, la afrenta moral o la enajenación eran variables que se conjugaban en el suicidio aristocrático. Mientras tanto, a los campesinos que se suicidaban se les atribuía simplemente egoísmo o cobardía. «Cuando el paisano se iba a ahorcar en secreto estaba eludiendo sus responsabilidades; su motivación era la desesperación, un vicio fatal inspirado por el Diablo. El noble encaraba sus responsabilidades al encaminarse a una muerte gloriosa.»[16] Y la discriminación llegaba incluso hasta diferenciar entre modos honorables y maneras infames de morir: siempre se distinguió entre la vergüenza del ahorcado y el honor de la muerte por la propia espada.

---

[15] Minois, *op. cit.*, p. 16.
[16] Ibíd., p. 16.

Entre los siglos XI y XIV se generalizó de forma sistemática la oposición al suicidio tanto religiosa como civil. Tomás de Aquino refuerza la condena en su fundamental obra *Summa Theologica*, escrita entre 1265 y 1272. En este texto concluye que el suicidio ofende tanto a la sociedad como a Dios y, por lo tanto, debe quedar terminantemente prohibido. La comparativa que ofrece para explicar su argumentación es bastante ilustrativa de la genealogía de la prohibición: «Quien se quita su propia vida peca contra Dios, de la misma manera que quien mata al esclavo de otro peca contra el amo de ese esclavo».[17] Una vez más, la condena del suicidio se conecta con la prohibición de la fuerza de trabajo a disponer de sí misma, sometida como está a la esclavitud humana o divina. Por eso, cuando las clases dominantes toman esa decisión, sus actos se justifican y se glorifican como libres y honorables. Pero cuando son los sometidos socialmente los que eligen esta vía, el peso de la condenación eterna cae a plomo sobre ellos y sus familias.

Bajo la óptica de las demás religiones monoteístas se abordó esta cuestión de manera similar. El judaísmo ha considerado históricamente el suicidio como un acto criminal, y quien lo lleva a cabo es equiparado a un asesino. No se establece distinción entre matar a otro o acabar con la propia vida: su alma no es suya y por tanto no puede hacer que se extinga. La costumbre judía también ha prohibido las oraciones en los funerales de cualquiera que hubiera acabado con su vida, las vestimentas de duelo no se recomendaban y el enterramiento se solía limitar a una sección aislada del cementerio. En esta misma línea, el islamismo rechaza el suicidio tanto como las otras religiones abrahámicas, llegando a condenarlo de forma incluso más severa

---

[17] Tomás de Aquino, *Suma Teológica*, II-IIae, Cuestión 64, Artículo 5.

que el homicidio, hasta penalizando a la familia del suicida con la deshonra y la marginación. La duda recae en el origen de los fundamentos de la prohibición islámica, ya que, si por un lado las alusiones a la condena de esta práctica recogidas en el Corán[18] son susceptibles de ser interpretadas de formas distintas, sí que existen *hadices* —los relatos de la tradición islámica referidos al profeta Mahoma— que recogen referencias a una prohibición expresa al respecto.

LA VIDA TEDIOSA

Con el Renacimiento y el inicio de la Edad Moderna se fue experimentando un cambio de actitudes que se reflejó en todos los ámbitos. Junto a la irrupción del pensamiento humanista, que desplazaba el protagonismo divino para colocar al hombre como centro de atención, el modelo medieval de sometimiento social y de solidaridad familiar se fue diluyendo, para dejar a los individuos progresivamente solos en sus planteamientos existenciales. La libertad recién estrenada del burgués, el habitante de las ciudades que organizaba su economía y su vida sin servidumbres, trae consigo un peaje inopinado. El hombre se enfrentaba en soledad a su destino y al desafío de encontrar su lugar en el mundo, lo que generó un vacío existencial que se había extirpado durante la Edad Media a base de control civil y religioso. En el Renacimiento resurge el *taedium vitae*, una afección psíquica que puede degenerar desprecio a la vida y deseo de muerte. Este hastío moderno, que llegará hasta nuestros días bajo otros nombres, ya se conocía en la época clásica, y se pueden encontrar casos de suicidio por cansancio de la existencia en la época romana, sobre todo durante

---

[18] Sura 4:29-30.

la guerra civil y los primeros tiempos del Imperio. Minois descubre un vínculo entre esta aflicción del alma y algunos momentos históricos concretos, y afirma que «esta forma de suicidio se asocia a crisis de civilización, momentos en los que actitudes ampliamente compartidas dan un vuelco y los valores tradicionales, las certidumbres morales y las verdades establecidas en los terrenos religioso, científico e intelectual se ven desafiadas».[19] La investigación histórica evidencia que el ser humano siente mayor desapego hacia la vida cuando se experimentan grandes transformaciones sociales, algo que se ha repetido a lo largo de los siglos: «Típicamente, el suicidio por hastío de la vida aparece en fases de transición —épocas de cambio radical en la mentalidad colectiva— que ocurren entre largos periodos de equilibrio en la civilización. Es, por así decirlo, el suicidio de las revoluciones culturales. Fue el suicidio del Renacimiento, el de la primera crisis de conciencia paneuropea de 1580 a 1620 —provocada por el movimiento reformista—, el de la segunda crisis de 1680 a 1720 —vinculada al surgimiento del racionalismo— y el de la era de las revoluciones. Y es también el suicidio de finales del siglo XX[20] y principios del XXI, cabe añadir.

Diversos escritores del Renacimiento tuvieron la firme impresión de que el número de suicidios había aumentado en su época. Boccacio, que escribió a finales del siglo XIV, manifestó su asombro por la cantidad de gente que se ahorcaba en Florencia. Más tarde, Erasmo, al observar el ansia de la población por acabar con sus vidas, se preguntaba en su *Colloquia* cuánto debía haber empeorado la situación para que la humanidad no temiera a la muerte. También Lutero hizo referencia en 1542 a una epidemia de

---

[19] Minois, *op. cit.*, p. 50.
[20] Ibíd., p. 50.

suicidios en Alemania. Y Montaigne recogía el dato de que, en tan solo una semana, se habían registrado veinticinco suicidios en Milán. Para explicar este progresivo incremento del número de suicidas, Durkheim establece una relación inversamente proporcional entre tasa de suicidio e integración social, vinculándola al proceso de reestructuración social que parte del final de la Edad Media. Según su teoría, los grupos muy estructurados socialmente protegen al individuo con los vínculos que crean. Así pues, los gremios, las familias y las hermandades religiosas eran murallas contra la tentación suicida; pero durante el Renacimiento el mercader rompe sus lazos con los gremios y las hermandades, y decaen las prácticas comunitarias. Al mismo tiempo, la influencia de la reflexión religiosa individualizada que promueve el protestantismo favorece una lectura personal de las Escrituras y un vínculo directo entre el creyente y Dios, dejando atrás la comunión pastoral de toda la feligresía.

La búsqueda de la muerte voluntaria, causada por el disgusto o el hastío de la vida, provocó que la cuestión del suicidio volviera a ser discutida en el ámbito público. El ejemplo romano reaparece a partir del Renacimiento en las múltiples versiones del suicidio por honor de Lucrecia, pintada en toda su magnífica dignidad por Lucas Cranach y luego por Rembrandt. El ejemplo de una reina que prefiere morir a entregar su corona lo ofrece la inigualable Cleopatra, retratada en ese lance en el siglo XVII por Guido Reni y Guido Cagnacci en cuadros llenos de heroísmo femenino. La nueva mentalidad de la época demandaba una reflexión que librara al ciudadano moderno de la culpabilidad que arrastraba el dogma cristiano: «Algunos médicos e intelectuales comenzaron a analizar el proceso psicológico que conducía a quitarse la vida. Lo llamaron *melancolía*. La desesperación, afirmaron, es un concepto moral, un pecado; la melancolía es un concepto psicológico, un desequilibrio de la mente. Cuando el suicidio se convirtió en objeto de estudio médico se secularizó».[21] Frente al juicio religioso al que se había sometido a los suicidas desde San Agustín, comenzó a abrirse paso una nueva visión del complejo proceso mental que puede llevar a un ser humano a acabar con su propia existencia. Así, se empezó a denominar melancolía lo que antes se había estigmatizado como un desvarío demoniaco y que ahora conocemos como depresión.

El hombre vuelve a encontrar legitimidad para decidir sobre su propio destino sin verse abocado a la condenación eterna y es nada menos que Hamlet el responsable de plantear la que se puede considerar la primera pregunta moderna: «¿Ser o no ser?», una cuestión que derribaba los límites impuestos a la voluntad humana durante siglos. ¿Es cada hombre autor de su vida? ¿Tiene en su mano la llave y la autonomía para decidir si abre o no la siguiente puerta? Hamlet articulaba una reflexión clave para cualquier ser humano, cuyo simple enunciado suponía un desafío social insoportable. A través del mero hecho de concebir la posibilidad de dejar de existir se cuestionaban de raíz los cimientos sobre los que estaban construidas las relaciones humanas. Y Shakespeare lo expresa con toda la fuerza de su poesía dramática: «Ser, o no ser, he ahí el dilema. / Si a la luz de la razón es más digno sufrir / los golpes y los dardos de una suerte horrenda, / o levantarse en armas contra un mar de angustias, / y ponerles fin resistiendo. Morir, dormir, / nada más; y decir así que con un sueño / damos fin a las llagas del corazón y a los mil tormentos / herencia de la carne. Un final / anhelado con devoción. Morir, dormir».[22] Y muchos personajes de Shakespeare optarán por *no ser*. A

---

21   Ibíd., p. 98.
22   William Shakespeare, *Hamlet*, Acto III, Escena I.

lo largo de su producción literaria encontramos que así acaban sus vidas Ofelia, Otelo, Romeo, Julieta, Lady Macbeth, Casio, Bruto y Porcia en *Julio César*, y hasta cinco personajes en *Antonio y Cleopatra*, incluyendo a los protagonistas. La pregunta no podía ser más legítima, porque ante el sufrimiento y las grandes limitaciones de la condición humana no siempre se puede justificar la prolongación de la existencia. Se trata de una manifestación básica de la toma de conciencia de uno mismo, de reconocimiento objetivo de la propia vida. Y la respuesta al dilema de Hamlet está implícita; la cuestión es, simplemente, «ser feliz o no ser».

John Donne, en su obra *Biothanatos* (escrita entre 1606 y 1608), hacía también una defensa de esa concepción legitimadora del suicidio —que es considerada la primera argumentación en este sentido escrita en lengua inglesa— y en contra de las tesis extendidas por Santo Tomás de Aquino. El escolástico lo había descrito como una violación de la ley natural y Donne contraatacó afirmando que algunas personas desean, de forma natural, morir. Luego recordaba que no hay ninguna referencia en las Escrituras que respalde la postura de Aquino y se convirtió así en pionero en cuestionar las prohibiciones sobre el acto suicida y las represalias hacia la familia del fallecido. Hasta el siglo XVII, tanto la ley natural como la divina obligaban al hombre a vivir a cualquier precio, pero a pesar de este imperativo la acumulación de realidad se irá depositando en el platillo de la balanza que sostiene Justicia, que acabará por inclinarse hacia el lado de los que sufren sin poder evitarlo. La tendencia en jurisprudencia se fue orientando hacia una visión más tolerante y compasiva, hasta aumentar el grado de indulgencia hacia el suicida si el caso implicaba desgracias extremas o locura. Y, como siempre, se seguía mostrando especial consideración hacia la élite aristocrática, por su supuesto honor y respetabilidad, lo cual se traducía en que apenas había sentencias de culpabilidad entre los suicidas de rango social, lo que reforzaba la vieja idea del doble rasero moral.

EL *MAL INGLÉS*

Durante el siglo XVIII se extiende en Europa la idea de que los ingleses padecen una propensión al suicidio mayor que los habitantes de los demás países. El mito del conocido como *mal inglés* se hace oficial con la publicación en 1733 de un popular tratado médico, *The English Maladie, or a Treaty of Nervous Diseases of All Kinds* (*El mal inglés, o un tratado de las enfermedades nerviosas de todo tipo*), de George Cheyne. Basándose en su experiencia directa y sin contrastar sus propios datos, el autor afirmaba categórico que los ingleses se suicidaban más que sus congéneres. Su teoría se basaba en que el incremento del ateísmo, las particulares condiciones geográficas, la comida y un clima desfavorable favorecían el que los ingleses decidieran acabar con sus vidas con mayor ligereza. Dicha afirmación se propagó y se instaló en la opinión pública europea para quedar afianzada como un hecho incuestionable.

En su revisión histórica del suicidio, Minois da un giro a estas conclusiones para argumentar que la personal percepción de Cheyne sobre el incremento en la tasa inglesa tenía un origen muy distinto. El historiador francés concluye que ese teórico aumento era probablemente el resultado de la expansión de la prensa popular y su habitual tratamiento del tema. Si la gente tenía la impresión de que el suicidio era más frecuente en Inglaterra era simplemente porque se le daba un tratamiento informativo habitual en los periódicos, mientras que en países como Francia las autoridades hacían todo lo posible para ocultar la realidad. Y así queda patente en la denuncia que un escritor de la época hacía del silencio que se imponía a la prensa al respecto de esta polémica cuestión: «Ningún periódico público anuncia ese tipo de muerte; y dentro de mil años los que escriban la Historia, según esos periódicos, dudarán probablemente de lo que digo aquí, pero no es más que la verdad que el suicidio es más corriente en París que en ninguna otra ciudad del mundo conocida».[23] La actitud inglesa era diametralmente opuesta: el suicidio sí era noticia en Inglaterra, se le daba plena cobertura en los diarios y generaba abundantes comentarios. Casi todos los días se hablaba de alguna víctima, lo cual contribuyó a crear y reforzar la idea de que existía el *mal inglés*, llegándose a publicar que en Inglaterra se quitaba la vida más gente que en el resto de los países juntos.

Cuando la investigación estadística avanzó lo suficiente al respecto como para arrojar cifras fiables —en torno a 1800—, se comprobó con sorpresa que en el Reino Unido el índice de suicidios estaba claramente por debajo de la media europea. Por otra parte, esa costumbre informativa tuvo la contrapartida de contribuir a la secularización y normalización del discurso sobre el suicidio, una referencia que debe tenerse en cuenta cuando se quiera reflexionar sobre las consecuencias del tratamiento mediático del suicidio, una cuestión clave en nuestros días. No cabe duda de que la actitud de aquella prensa inglesa del XVIII al respecto quedaba lejos del ideal ético deseable para los medios de comunicación actuales, pues los periódicos no se limitaban a una simple mención de las muertes voluntarias,

---

[23] Louis-Sébastien Mercier, *Tableau de Paris*, 8 vols., Amsterdam, 1783, citado aquí de Louis Chevalier, *Laboring Classes and Dangerous Classes in Paris during de First Half of the Nineteenth Century*, Nueva York: H. Fertig, 1973, p. 281.

sino que describían con detalle las circunstancias del suicidio, especulaban sobre sus causas y publicaban hasta las notas de suicidio, llegándolas a inventar en ocasiones. También publicaban cartas de lectores a favor o en contra de la muerte voluntaria y, en algunos casos, daban su propia opinión editorial. Esto generó una literatura morbosa y de moral dudosa que, como contrapartida positiva, tuvo el efecto de rescatar al suicidio del ámbito del mito y el tabú para enfocarlo como la realidad social que es.[24]

Al mismo tiempo, se fue extendiendo por Europa un espíritu crítico y una corriente de racionalismo que debilitaron de forma irreversible la legislación más radical sobre el suicidio. Fue una época crucial de cambio en la que el pensamiento ilustrado y el surgimiento de la ciencia moderna minaron los anclajes de la religión y la superstición. Se evidenció un declive en las sentencias que condenaban a escarnio público el cadáver de los suicidas y a la confiscación de sus bienes, que aún se seguirían produciendo hasta el siglo XIX.

Precisamente, en aquel momento de avance del conocimiento y de la ciencia fue cuando se difundió el término actual de *suicidio*, una palabra que, a pesar de su etimología, no existía en la lengua latina. En este idioma, a falta de un vocablo específico para describir el acto del suicidio, se utilizaban hasta tres expresiones diferentes: *vim sibi inferre* («causarse violencia a uno mismo»), *sibi mortem conscissere* («darse muerte a uno mismo») o *sua manucadere* («caer por propia mano»). El neologismo que se acabaría extendiendo se compuso del prefijo *sui* («uno mismo») y del verbo *caedere* («asesinar»), y apareció en un contexto en el que se pretendía diferenciar entre el asesinato de uno mismo y el acto de matar a otro. Parece acreditado que el teólogo fran-

---

24 Minois, *op. cit.*, p. 294.

cés Gautier de Saint-Victor empleó la voz ya en 1177. En inglés, el término fue utilizado por el escritor y científico sir Thomas Browne, en su obra *Religio Medici* (*La religión de un médico*, 1642). Y, en castellano, la palabra «suicida» se registra en 1654. La connotación del asesinato de uno mismo se recoge aún literalmente en la palabra alemana *Selbstmord*, lengua en la que también existe la expresión de implicaciones filosóficas *Freitod* o «muerte libre», ambas mucho más utilizadas que *Suizid*.

El trabajo de reflexión con respecto a la perspectiva moral del suicidio lo volvieron a hacer los filósofos de la Ilustración, retomando a los clásicos. Se abordó la legitimidad de las leyes que condenan a los suicidas y la vigencia de los dogmas de la Iglesia en relación a un asunto tan íntimo y sensible como la elección de la propia muerte. Voltaire plantea la siguiente cuestión, en una línea de pensamiento que desautoriza a San Agustín: «Si el suicidio va en contra de la sociedad, me pregunto si los homicidios voluntarios que se cometen durante las guerras, legitimados por todas las leyes, no van contra el género humano más aún».[25] Y recuerda con horror cuál es el tratamiento que se reserva a quienes osan disponer de su propia vida: «Todavía arrastramos por las calles y llevamos al cadalso el cuerpo de un hombre que haya muerto por muerte voluntaria; hacemos todo lo que podemos para difamar su memoria; deshonramos a su familia tanto como sea posible; castigamos al hijo por haber perdido a su padre y a la viuda por verse privada de su marido. Incluso confiscamos las propiedades del fallecido, lo que equivale a robar a los vivos el patrimonio que les pertenece por derecho».[26] Aunque el vandalismo le-

---

25 Voltaire, «Cato: On Suicide, and the Abbé St. Cyran's Book Legitimating Suicide», *A Philosophical Dictionary*, en *The Works of Voltaire*, 7:21, p. 27.
26 Ibíd., p. 33.

gal contra el cuerpo del suicida haya remitido, cabe preguntarse cuánto de esta actitud ha sobrevivido en nuestros días.

Recogiendo la tradición escrita, remite Voltaire a las fuentes originales para basar su crítica a la condena del suicida: «No busco justificar un acto que las leyes condenan, pero ni el Antiguo ni el Nuevo Testamento han condenado nunca que un hombre abandone esta vida cuando se le vuelve insoportable».[27] En pintura, Jacques-Louis David conecta también con la visión clásica al atribuir al suicidio un valor de suprema libertad —reservada todavía a una élite— en su representación de *La muerte de Sócrates*. Se había abierto la brecha de la crítica filosófica, pero aún quedaba un largo camino por recorrer hasta que esas reflexiones se tradujeran en iniciativas legales y actitudes sociales renovadas. Desde la Reforma hasta la Ilustración se fue cuestionando la cosmovisión occidental, en grado tal que hasta la propia religión fue reexaminada. En esta nueva coyuntura, el historiador y filósofo británico David Hume se atrevió a escribir un texto en el que defendía claramente el derecho a suicidarse, pero, temeroso de las consecuencias que pudiera acarrearle semejante posicionamiento, en el último momento decidió no publicarlo; porque todavía, tanto para los puritanos como para los católicos, el suicidio era obra de Satán. Hume argumentaba, adelantándose a su tiempo, contra la postura de la Iglesia y de la sociedad, en un breve ensayo titulado *Sobre el suicidio*. El contenido —duramente criticado por los moralistas antisuicidio cuando finalmente apareció, como Hume se temía— afirma que el suicidio no contradice nuestras obligaciones con Dios, con nuestros semejantes ni con nosotros mismos, y se refiere al suicidio, en un tono bastante contemporáneo, como el acto

---

[27] Ibíd., pp. 32-33.

de «un hombre que, cansado de vivir y asediado por el dolor y la miseria, se sobrepone valeroso a todos los terrores naturales de la muerte para escapar de este cruel escenario».[28] Hume se pregunta en qué medida el suicida perjudica a la sociedad y concluye que «un hombre que se retira de la vida no perjudica a la sociedad: solo deja de hacer bien; lo cual, si es un perjuicio, lo es de la menor de las clases».[29] De alguna forma, Hume advirtió que el mundo aún no estaba preparado para oír tales afirmaciones y cuando las pruebas de imprenta ya estaban listas en Inglaterra y el libro a punto de ser publicado, retiró el texto y destruyó las copias, inseguro de la solidez de sus argumentos o, más bien, de la madurez de su sociedad para aceptar sus ideas. El texto se publicó póstumamente años después.

Rousseau también abordó el tema del suicidio en dos de las cartas de *La nueva Eloisa*. Su posición al respecto es difícil de determinar, porque su voz y sus opiniones toman la forma de un diálogo epistolar entre dos personajes de posturas enfrentadas, pero uno de ellos, Saint-Preux, desafiando el discurso dominante en su época, despliega claros argumentos a favor del suicidio. Para contrarrestar el atrevimiento, otro personaje, Milord Edouard, los rebate con firmeza. En el ámbito privado, su posición también se debatió entre estos dos polos, porque aunque en contra de una opinión muy extendida Rousseau no se suicidó, en varios momentos de su vida sí consideró seriamente la posibilidad de hacerlo. Otra de las reflexiones ilustradas al respecto del derecho del individuo a disponer de su vida la aporta el barón de Holbach, en un discurso que también sintoniza con nuestra concepción actual del suicidio. En un práctico tono desmitificador, bastante más apegado a la

---

[28] David Hume, «Sobre el suicidio», *Ensayos sobre el suicidio y la inmortalidad del alma*, pp. 8-9.
[29] Ibíd., pp. 18-19.

realidad que el de los clásicos, Holbach aseguraba que el suicidio filosófico no existe y que todos los que refieren grandes principios morales para justificar un acto semejante solo están enmascarando un sufrimiento físico o espiritual, de forma consciente o no.

El esfuerzo ilustrado para incorporar la racionalidad al discurso sobre el suicidio encontrará grandes resistencias que perduran hasta hoy. La cuestión, clave entonces y aún determinante en pleno siglo XXI, es que «el poder, cualquiera que sea su naturaleza, busca prevenir y ocultar el suicidio. El sujeto debe dedicar su vida al rey; el ciudadano debe conservar su vida para la patria. La deserción no es una opción. El contrato social requiere la participación de todos para mantener al Estado quien, a cambio, buscará el bienestar de todos».[30] Pero el camino hacia la libre elección individual ya estaba abierto. Una vez franqueado el paso, y desmontados los débiles pero tozudos dogmas cristianos, los artistas románticos desatarán un torbellino de emociones extremas que llegará hasta el paroxismo.

El suicidio romántico

Frente a la glorificación de la razón que promovió el pensamiento ilustrado del Siglo de las Luces, surgió una reacción artística que reivindica las sombras, la emoción y la irracionalidad como fuerzas impulsoras del destino. Lo que se iniciara con la corriente literaria alemana conocida como *Sturm und Drang* —traducible como *Tempestad e impulso*, título de una tragedia de Friedrich Maximiliam Klinger— desembocó en el movimiento romántico, que exaltaba la sensibilidad y la libertad individuales por encima de todo y

---

[30] Minois, *op. cit.*, p. 302.

profesaba una nueva forma de sentir la vida y la muerte. La aproximación del Romanticismo a los sentimientos se despoja de viejos prejuicios morales y redunda en la construcción de una nueva identidad para los suicidas. El movimiento de los románticos alemanes, con su énfasis en el lado oscuro del alma humana, será terreno abonado para que la mirada del suicida se apropie de la creación artística, erigiéndose en protagonista de novelas, poemas, obras de teatro y composiciones musicales, cuando no se convertía en la conductora de la existencia del propio artista. En el nacimiento del concepto de suicidio romántico fueron decisivos episodios como la muerte del jovencísimo poeta Thomas Chatterton en 1770, que se quitó la vida a los 17 años para convertirse en un emblema del artista suicida, o el clamoroso éxito europeo de *Las penas del joven Werther* de Goethe (1774), obra cuyo protagonista acaba disparándose aquejado de desamor. La figura de Werther aparece en escena justo en el momento en que la cuestión de la legitimidad de la muerte voluntaria alcanzaba un cenit emocional. Con frecuencia se señala a Goethe como el inspirador del suicidio romántico, y aunque su Werther no generara esa *moda*, sí que contribuyó a definir el clima en el que se gestó. Otras obras como *Manfred* de Byron, *René* de Chateaubriand y *Raphael* de Lamartine fueron acusadas también de promover el suicidio. Y es que los escritores de esta época escribían frases como: «La vida existe por amor a la muerte» (Novalis) o «Qué maravillosa es la muerte» (Shelley), esa muerte a la que Byron llamaba «un descanso del corazón».

Y si para estos escritores morir joven era *glamouroso*, el suicidio era ya el no va más de la emoción romántica, un acto envidiable que demostraba un rechazo heroico de la banalidad del mundo. Al igual que pasó con el *Werther*, una obra del francés Alfred-Victor de Vigny, titulada

Chatterton, sobre la vida y la muerte del mencionado poeta inglés, fue acusada de ser responsable de un aumento de los suicidios en Francia entre 1830 y 1840, hasta duplicar la cuota anual; aunque es más lógico pensar que se tratara de una conjunción de factores, y no de mero influjo literario, porque, como afirmaba el propio Goethe, las creaciones artísticas reflejan, no crean el ánimo de una época. El suicidio novelesco se había convertido en la salida favorita de mujeres deshonradas, inocentes acusados injustamente, derrotados, víctimas del remordimiento, enamorados sin futuro y almas redentoras. Los héroes románticos se quitaban la vida espoleados por el desamor, el deshonor o la locura, pero el abuso de esta opción lo distorsionó como recurso literario, tiñéndolo de moralismo y mayor irrealidad. El ánimo romántico estaba escorado hacia unos excesos emocionales que quedan bien reflejados en las palabras con las que Flaubert describía la nostalgia de su juventud: «Oscilábamos entre la locura y el suicidio; algunos se mataron, [...] otro se estranguló con su corbata, varios murieron en la depravación para escapar al aburrimiento; ¡era tan hermoso!».[31] Ante este panorama urgía diagnosticar la afección romántica; y resultó que se trataba de un caso claro de lo que el escritor alemán Clemens Brentano definiera ya entonces como «hipertrofia del órgano poético».

Otras visiones idealizadas de la muerte voluntaria se encuentran en la pintura, en cuadros como *La muerte de Sardanápalo* de Delacroix, que recoge la escena en la que el rey asirio contempla la muerte de toda su corte y se entrega a la suya propia antes que someterse al yugo babilónico. Una versión moralizante del mismo tema es la que ofrece *El entierro de Atala* de Girodet, por la contradicción entre

---

[31] Al Alvarez, *The Savage God*, Nueva York: Bantam Books, 1973, p. 204.

amor carnal y fe que se le plantea a una india americana, que determina quitarse la vida antes que perder la virginidad con su bello amado; y el clásico suicidio romántico, en el que se combinan amor y sinrazón, lo representa la *Ofelia* ahogada de Millais. Las referencias explícitas al suicidio y la glorificación de la muerte fueron igualmente recurrentes en los textos musicales del XIX. Schubert, en su lúgubre y conmovedor *Viaje de invierno*, incluye una canción titulada *El tilo (Der Lindenbaum)*, a la que muchos atribuyen una interpretación del suicidio como reposo: «Sus ramas, como llamándome, / murmuraban / "ven a mí, compañero, / aquí encontrarás la paz"». En la ópera romántica y postromántica será raro el libreto que no contenga un suicidio o más. Se convierte, por ejemplo, en la forma de muerte favorita de las heroínas de Puccini: es el fin que elige Tosca cuando salta al vacío desde el Castillo de Sant'Angelo; la forma desesperada de morir para la Cio-Cio San de *Madama Butterfly*; o la muerte que se le da a la Liu en *Turandot*. Muchas otras obras remiten a él, y *La Gioconda* de Ponchielli incluso hizo famosa un aria titulada precisamente «Suicidio». También la más ingente creación musical del Wagner, *El anillo del nibelungo*, se remata después de más de doce horas de música y texto con el suicidio de Brunilda, que se arroja con su caballo a la pira funeraria de su amado Sigfrido, evocando heroica a las viudas de la tradición en India. Y como consecuencia de su muerte voluntaria se inicia el Ragnarok, la conflagración apocalíptica que en la mitología nórdica supone el fin de los dioses y el comienzo de un nuevo universo.

 La asociación mental que se ha forjado entre el suicidio y el periodo romántico es, sin embargo, más el resultado del énfasis literario sobre esta conducta que la consecuencia de un aumento real en la prevalencia del suicidio entre la población europea del primer tercio del XIX. De nuevo vuelve a ser Minois quien nos ilustra al respecto: «A pesar de unos cuantos casos notables, se cometían más suicidios de palabra que de hecho. La gente hablaba sin parar sobre la muerte voluntaria pero rara vez se mataban y, cuando lo hacían, los motivos solían ser menos intelectuales de lo que las conversaciones de salón podían llevar a pensar. El auténtico suicidio siguió teniendo lugar donde siempre lo había hecho, en cabañas y talleres, y siempre por una misma y simple razón, el sufrimiento».[32] A pesar de que Chatterton y Werther pusieran de moda un discurso sobre el suicidio centrado en el amor desesperado, el gusto por la soledad, una indeterminada inquietud del alma o los lamentos por la fugacidad de la vida, la realidad seguía imponiendo el peso de sus miserias por encima de las estrofas poéticas.

La opinión pública europea irá transformándose a lo largo de las décadas siguientes y el suicidio pasará de ser un crimen aberrante castigado con una crueldad sin medida a considerarse la última opción de un alma desesperada, convirtiéndose durante ese proceso en el tema de conversación de impacto en los salones de moda. Madame de Staël, en sus *Reflexiones sobre el suicidio*, nos dio la medida de la nueva sensibilidad social al respecto: «Un exceso de infelicidad genera la idea del suicidio […]. No debemos odiar a la gente que es lo suficientemente infeliz como para detestar la vida, pero tampoco debemos alabar a los que sucumben ante un gran peso: si pudieran soportarlo su fuerza moral sería mucho mayor».[33] Y matiza que, en su opinión, «los que afirman que el suicidio es un acto de cobardía se equivocan […]. Pero hay que distinguir entre valentía y fortaleza mental».[34] Esta

---

[32] Minois, *op. cit.*, p. 248.
[33] Vivian Folkenflik, *An Extraordinary Woman: Selected Writings of Germaine de Staël*, Nueva York: Columbia University Press, 1987, p. 348.
[34] Ibíd., p. 352.

visión, liberada del juicio religioso y la moralidad burguesa, reconoce que para acabar con la propia vida hay que superar un miedo atávico, el miedo a la propia muerte; pero, por otro lado, esa valentía evidencia una debilidad, una falta de recursos que consiste en ignorar la manera de afrontar el sufrimiento. Además, se debe tener en cuenta que ese acto de supuesto valor suele ser fruto más bien de un arrebato puntual que de una reflexión profunda y consciente sobre el valor de la propia existencia.

Una de las más sólidas argumentaciones en defensa de la libertad del hombre para disponer de su vida es la que aporta poco después Arthur Schopenhauer en *Über den Selbstmord* (*Sobre el suicidio*, 1851). En su reflexión, Schopenhauer señaló que solo las religiones monoteístas consideran el suicidio un crimen. Para él, como para Rousseau, este hecho resulta tanto más llamativo por cuanto ni el Antiguo ni el Nuevo Testamento lo prohíben o desaprueban, sino que la condena es fruto de una reflexión filosófica de invención posterior, basada en argumentos endebles expresados con vehemencia. El filósofo critica a los que afirman que el suicidio es una muestra de cobardía o que solo un loco es capaz de llegar a ese punto, y defiende que no hay nada sobre lo que un ser humano tenga tanta titularidad como sobre su vida y su persona. Tras cargar contra los ignominiosos entierros y la desposesión de los bienes del suicida en la Inglaterra de su tiempo, el pensador alemán insta al lector a reflexionar sobre si el suicidio es o no un acto criminal. En este sentido, Schopenhauer propone hacer una comparación sobre los sentimientos de una persona a la que se le comunica que alguien que conoce ha cometido un crimen, un asesinato, un robo u otro acto de crueldad, y que imagine la diferencia entre esa impresión y lo que sentiría si se le dijera que esa persona se ha quitado la vida. La indignación y el resentimiento que provoca el primer supuesto llevan a reclamar castigo o venganza, mientras que el segundo caso lo que inspira es duelo y compasión. Incluso habla de que, en cierta medida, aparecen sentimientos de admiración por el valor, antes que reprobación moral. ¿Quién no ha tenido conocidos, amigos o relaciones con alguien que ha dejado este mundo por voluntad propia? ¿Y merecen ser recordados con horror o como criminales?, nos pregunta. Tras una negativa tajante, pasa a desafiar y cuestionar a la Iglesia y las leyes que condenan y deshonran a hombres y mujeres honorables. El pensador alemán habla también del carácter ridículo de una prohibición legal que pretende inhibir a alguien que no teme a la propia muerte, con lo que se está castigando solo a los que carezcan de la habilidad suficiente para consumarlo con éxito.

En su discurso, Schopenhauer hace balance de las posiciones de los clásicos al respecto y cita las palabras de Plinio, cuando afirma que la vida no es un bien tan deseable como para ser prolongada a cualquier precio. Reconoce que Aristóteles declaró que el suicidio es una ofensa para el Estado, pero recoge asimismo la exposición de Estobeo sobre la filosofía aristotélica según la cual el hombre bueno deberá abandonar la vida cuando sus desgracias sean demasiado grandes. También recuerda cómo los estoicos, Séneca en particular, elogian el suicidio como un acto noble y heroico. Tras recordar la imbricación del suicidio en la sociedad hindú, en la pira funeraria del esposo, o bajo las ruedas del carro del dios Juggernaut, Schopenhauer concluye su exposición evocando las múltiples referencias al suicidio que se hacen en el teatro, como espejo de la vida, con ejemplos tanto de la literatura occidental como de la china, sin que exista la menor insinuación de conducta criminal.[35] Después de Schopenhauer, Nietzsche también expresó con claridad la posición de la filosofía contemporánea

---

35 Arthur Schopenhauer, «Sobre el suicidio», en *El dolor del mundo y el consuelo de la religión*, Madrid: Aldebarán, 1998.

con respecto al suicidio en *Así habló Zaratustra*, escrito entre 1883 y 1885, en el pasaje titulado «De la muerte libre», donde elogia «la muerte que viene a mí porque yo quiero», reforzando las posiciones de quienes defienden el derecho del ser humano a disponer de su propia vida.

A pesar de estas voces pioneras que defendieron la legitimidad del suicidio en la época romántica y en las décadas posteriores, la ciencia médica continuó considerando la melancolía depresiva y las tendencias suicidas algo por lo que sentirse culpable, y los médicos continuaban proponiendo «métodos morales» drásticos, como si se tratara de algún tipo de vicio. Duchas frías, máquinas giratorias, sillas con amarres, aislamiento, hambre y sed, amenazas y ataques a la propia imagen eran algunos de los métodos empleados para neutralizar a los aquejados de afecciones psíquicas. De forma creciente, el suicidio en Europa se fue asociando a la locura, desviando el peso de los castigos legales para los que intentaban el suicidio y para las familias de los que lo conseguían hacia otro tipo de estigma social.

EL SUICIDIO PATOLÓGICO

Ya desde el siglo XVII empezaron a oírse las primeras voces que defendían a los suicidas por considerarlos enfermos de melancolía y, como tales, afectados por algún tipo de demencia o trastorno de la razón. Pero no será hasta doscientos años después cuando el avance de la ciencia, el desarrollo de una visión del mundo más laica y la incipiente atribución de derechos a los ciudadanos en una Europa convulsa colaboren en un cambio de mentalidad con respecto al suicidio. Desde algunos foros se alzaron voces que intentaban rescatarlo del ámbito del crimen y el pecado para reubicarlo en un entorno más científico y racional. Según el nuevo discurso que empezaba a articularse, la persona que se veía abocada a acabar con su propia vida era, principalmente, víctima de un padecimiento mental, cuando no también físico; sin entrar a valorar si eso la convertía o no en un criminal a ojos de los hombres o en un condenado a ojos de Dios. Una de las primeras ocasiones en las que se presentó el suicidio dentro de la óptica de la psiquiatría fue cuando el médico francés Jean-Étienne Esquirol, autor de *Mental Maladies* (*Enfermedades mentales*, 1838), afirmó que el suicidio era casi siempre un síntoma de locura. Este primer diagnóstico acarreaba un nuevo estigma, ya que el imaginario público ha cultivado históricamente pocos matices a la hora de catalogar las afecciones psíquicas. «Con el nacimiento del enfoque médico sobre el suicidio», afirma preciso George Howe Colt en su exhaustivo análisis sobre el tema, «el acto autodestructivo dejó de ser considerado en primer lugar como un pecado o crimen para ser tomado como algo anormal y enfermo».[36] La etiqueta de enfermo mental catalogaba al suicida —y continúa haciéndolo— como sujeto anómalo. Tan marginal es este nuevo territorio del suicida enloquecido como el del pecador que condena eternamente su alma o el del asesino de sí mismo, cuyo cuerpo era objeto de escarnio público y cuyas posesiones le eran arrebatadas. Aunque de forma simultánea a la despenalización civil se iba creando un estigma de nuevo cuño, esta nueva categoría significó un cierto avance de mentalidad, ya que las represalias sociales dejaron de expresarse en forma de humillaciones públicas y directas.

A partir de entonces, lo que los clásicos encontraban tan heroico y los románticos tan hermoso comenzaría a ser explicado en términos patológicos de lesiones cerebrales, enfermedad mental, marginalidad o afecciones hereditarias. La

---

[36] George Howe Colt, *The Enigma of Suicide*, Nueva York: Touchstone, Simon & Schuster, 1991, p. 188.

visión del suicidio cambia según se aproxima el siglo XX y las perspectivas médica, psicológica y social asumen todo el protagonismo. El arte responde de inmediato para estar a la altura del nuevo enfoque y por primera vez el sufrimiento humano que hay detrás de cada suicidio comienza a vislumbrarse en las artes plásticas. Es Cezanne uno de los primeros en abandonar por completo el ingrediente heroico para afrontar la sordidez y la curiosidad morbosa que envuelve al suicidio en su obra de 1873 *La casa del suicidio*. Y en la pintura de Manet, *Suicidio*, el episodio se recoge de nuevo sin literatura ni ornamento de ningún tipo. La visión edulcorada de la muerte romántica deja espacio a la crónica de un suceso, sin virtudes exaltadas ni moraleja, para reflejar sin más la muerte de alguien que ha sufrido, una escena que provoca la desazón de quien lo contempla y ninguna empatía poética. Picasso vuelve a dar en la diana, demostrando su genio, en la desasosegante representación de la muerte de su amigo Casagemas, con un primer plano de estrepitosos tonos *fauvistas* que no incluye el menor juicio moral y que deja toda la carga emocional del lado del espectador. El suicidio ha dejado con ellos de ser una prerrogativa aristocrática para democratizarse moralmente y presentarse en público con una mayor dosis de verdad. La democratización del suicidio y el aterrizaje en la realidad se produce, también en literatura, a finales del siglo XIX, cuando la *Madame Bovary* del propio Flaubert o los personajes de Dostoievski abandonan definitivamente el territorio del héroe épico o de folletín para entrar en el de la verdadera angustia vital. A partir de entonces se aprecia un mayor interés en el calado psicológico de los personajes literarios, en su descripción como verdaderos seres humanos incrustados en realidades que pueden ser asfixiantes o víctimas de afecciones mentales que nada tienen de heroicas.

Freud contribuyó simultáneamente en la explicación teórica del suicidio haciendo una primera formulación en la que lo interpretaba como una agresión dirigida contra uno mismo, resultado de unas circunstancias determinadas. Según él, cuando las presiones sociales impiden dirigir la expresión de la agresión hacia la persona odiada, que sería su verdadero objeto, esas tendencias se vuelven hacia adentro contra el propio sujeto. El fundador del psicoanálisis opinaba que ningún neurótico experimenta impulsos al suicidio que no sean impulsos homicidas, orientados primero contra otras personas y vueltos luego contra el Yo.[37] Flaubert ya había intuido esto mismo un tiempo atrás, expresándolo de forma más directa: «Queremos morir porque no podemos hacer que mueran otros, y cada suicidio es quizás un asesinato reprimido».[38] O sea, que según esta visión todo suicidio es una especie de homicidio invertido, lo que el psicólogo Edwing Shneidman llamará más tarde un *asesinato a 180°*. Aunque Freud nunca elaboró un discurso completo sobre el suicidio, más adelante, en su obra *Más allá del principio del placer*, hizo pública otra teoría, muy contestada por sus críticos: todo individuo posee un instinto de muerte, una *destrudo*, que contrapuso a la *libido*, el instinto de vida y reproducción. Si no se sublima —por ejemplo, mediante la abnegación o devoción hacia otros—, ese instinto destructivo puede, en ciertos casos, ganar la partida.

Después de Freud el componente psicológico del suicidio pasó a primer término, y tras él ya no fue posible atribuir un suicidio a causas tan simples como la pobreza, la pérdida de un empleo o un desengaño amoroso. El acto del suicida pasaba a ser entendido a partir de entonces como el resultado de una compleja variedad de fuerzas conscientes e incons-

---

[37] Sigmund Freud, *Duelo y melancolía* (1917), en *Obras Completas*, vol. XIV, Buenos Aires: Amorrortu, 1986.
[38] Frase escrita por Gustave Flaubert en una carta enviada a Louise Colet en 1853.

cientes.[39] El psiquiatra y psicoanalista americano Karl Menninger, en un libro titulado *Man Against Himself* (*El hombre contra sí mismo*, 1938), pone un ejemplo que ilustra claramente esta visión. En él se habla de la noticia del suicidio de un hombre rico: investigando las circunstancias de su muerte se descubre que sus inversiones habían fallado y que su fallecimiento proporciona unos ingresos cuantiosos, gracias a su póliza de seguros, a una familia que en caso contrario se hubiera visto desposeída. El problema y la solución parecen claros: un hombre valiente ha encarado la ruina de forma que sus descendientes salgan beneficiados. Pero Menninger se pregunta si no deberíamos profundizar en los motivos y echar la vista atrás para averiguar cómo es que perdió su fortuna, y más atrás aún preguntarnos cómo la ganó, por qué se vio impulsado a acumular riqueza y qué medios utilizó para gratificar su compulsión. Qué sentimientos de culpa conscientes o inconscientes experimentó, y qué sacrificios y renuncias le costó a él y a su familia la adquisición de su patrimonio. Y aun así, Menninger observa que la mayoría de la gente que tiene dinero y lo pierde no se suicida, por lo que es necesario buscar motivos aún más profundos para dar una explicación satisfactoria. «Todo lo que podemos ver en un caso semejante es lo difícil y complicado que se vuelve un problema en cuanto echamos algo más que una mirada superficial a las circunstancias.»[40] En este texto, Menninger extiende el concepto freudiano de pulsión de muerte y trabaja la idea de tres modelos de conducta autodestructiva: *el deseo de matar*, como impulso agresivo que se puede volver contra uno mismo; *el deseo de ser matado*, con la connotación de querer convertirse en objeto de la agresión, y *el deseo de mo-*

---

39   George Howe Colt, *The Enigma of Suicide*, Nueva York: Touchstone, Simon & Schuster, 1991, p. 201.
40   Kart Menninger, *Man Against Himself*, San Diego: Harvest/HBJ Book, 1991, p. 19.

rir, una actitud autodestructiva con un componente más pasivo. Con esta ampliación de supuestos, la complejidad de la motivación suicida queda enmarcada de forma más precisa en tres contextos diferentes.

Pocos años después de las aportaciones de Freud, en 1897, uno de los pioneros en la investigación social en el siglo XIX, Emile Durkheim, en su emblemático estudio de referencia para la investigación sociológica titulado *Le Suicide*, intentó identificar los factores que influyen en los casos de suicidio desde una perspectiva social. Su conclusión principal fue que las personas tienen una mayor inclinación al suicidio cuando no están integradas en un tejido social sólido. Agrupó a los suicidas en tres categorías principales: los *egoístas*, que afectaría a individuos que llegan a darse muerte como resultado de una integración mínima en su familia o en su grupo religioso o político; los suicidas *altruistas*, que serían aquellos pertenecientes a sociedades que practican la integración en tal medida que justifican el sacrificio de un individuo por el bien del grupo, algo no muy frecuente en la actualidad; y por último describe el suicidio *anómico*, que se identificaría con aquellos casos en que un cambio vital abrupto provoca la ruptura de los mecanismos que han colaborado al soporte emocional de un individuo, lo que incluiría desde un divorcio hasta una crisis económica generalizada. Desde la publicación de estas teorías, muchos las han cuestionado por falta de rigor en los datos utilizados para elaborar un estudio que tiene ya más de cien años; otros han apuntado excepciones notables a sus teorías generales, y se ha criticado también que las diferencias entre el suicidio egoísta y el anómico son con frecuencia difusas. Aunque algunas de las tesis de Durkheim han sido claramente superadas por la evolución histórica y social en el larguísimo siglo que nos separa de su texto, aún merece el crédito de haber incorporado el elemento social, una pieza que faltaba para una aproximación más certera a la complejidad del suicidio.[41] El trabajo de Durkheim sobre las teorías sociológicas del suicidio fue completado en 1930 por Maurice Halbwachs, quien escribió *Las causas del suicidio*, obra en la que se recoge la idea básica de que el sentimiento de soledad es la característica común a todos los tipos de suicidio, al margen de otras motivaciones complementarias.[42]

Una vez que la investigación social se atrevió a abordar un tema proscrito, intentando poner orden en el caos de una conducta alejada de las razones y la lógica, aún quedaba pendiente un análisis que se adentrara más en las profundidades de las motivaciones personales de cada caso. «Cuando se nos dice que los lugares más poblados del mundo tienen las tasas más altas de suicidio, y que los suicidios se agrupan en ciertos meses del año, ¿aprendemos con ello siquiera un solo motivo explicativo? No, aprendemos solo que el fenómeno del suicidio también está sujeto a las leyes de los grandes números y que está relacionado con otros fenómenos sociales. El suicidio se puede entender solo de forma individual, aunque tenga condiciones previas y consecuencias sociales.»[43] Así se expresaba en 1910 el discípulo de Freud, Alfred Adler, marcando el camino que habría de seguir la psicología y el psicoanálisis del siglo XX. El suicidio se convirtió en objeto de estudio científico, y Karl Menninger inventó el término *suicidología* para definir esta nueva área de estudio de gran difusión entre

---

[41] Colin Pritchard, *Suicide. The Ultimate Rejection. A Psychosocial Study*, Filadelfia: Open University Press, 1995, p. 24.

[42] En España, en particular, se publicaron aproximaciones a esta disciplina ya en el siglo XIX, como la recogida en el opúsculo de José Jimeno Agius titulado *La criminalidad en España y sus colonias. El suicidio en España y en el extranjero* (Madrid, 1886). Ya en el siglo XX encontramos el trabajo de R. Álvarez de Toledo y Valero, titulado *El suicidio en España en su aspecto social*, ponencia oficial en la VI Asamblea de la Liga de Higiene Mental de España, Madrid, 1935.

[43] Colt, *op. cit.*, p. 194.

los especialistas en la actualidad, aunque otras fuentes atribuyen la invención de este término al psicólogo Edwin Schneidman, otro pionero en el estudio de este campo y fundador de la Asociación Americana de Suicidología en 1968.

Las artes plásticas recogerán el horror desasosegado de comienzos del siglo XX en una Europa en guerra, y nos enfrentarán, por ejemplo, a la psicología distorsionada que plasma la obra de George Grosz, *Suicidio*, de 1916. También el surrealismo personal de Frida Kahlo aporta un ingrediente onírico de naturaleza semiinconsciente al hecho de quitarse la vida en *El suicidio de Dorothy Hale* (1938), un cuadro en el que también se vislumbra la violencia de una crónica social inmediata. La imagen del cuadro responde a la historia real de una dama de la sociedad neoyorquina que opta por morir antes que enfrentarse a la ruina económica. Así, con sus últimos mil dólares, decide comprarse el mejor vestido de la ciudad y saltar desde el edificio Hampshire House. Ese tono de relato informativo desembocará en el contemporáneo suicidio mediático que Andy Warhol fue pionero en plasmar con nitidez. El documento gráfico pasa de la prensa al cuadro para convertir en icono de una sociedad enferma la instantánea de un hombre lanzándose al vacío desde lo alto de otro edificio. La imagen recoge un acto voluntario con toda la intención, sin contexto biográfico, una muerte aislada y anónima que se convierte en icono universal. Esa misma imagen se multiplica en la obra de la fotógrafa Sarah Charlesworth, en su serie *Stills*, de 1980. El componente sensacionalista y morboso que los medios de comunicación no consiguen evitar al reportar la muerte de un personaje famoso queda interpretado de forma irónica en la serie de fotografías titulada *Royal Blood* (*Sangre real*, 2000), en la que Edwin Olaf recoge muertes relevantes de personajes históricos, como el suicidio de Luis II de Baviera, en un inquietante tono de *glamour* edulcorado.

Con sus limitaciones y distorsiones la creación artística ha estado siempre fascinada por la posibilidad del ser humano de acabar con su vida, con la capacidad que tenemos de realizar una pirueta siniestra que nos permite eludir el destino. En la literatura sigue funcionando como una especie de trágico *deus ex machina* un recurso que permite un giro argumental repentino e impactante. En la ingente producción novelística del siglo XX, el suicidio va incorporando matices psicológicos, sociales y políticos. Así se observa, por ejemplo, en el personaje de Septimus Smith, de la novela de Virginia Woolf *Mrs. Dalloway*. Se trata de un veterano de la I Guerra Mundial preso de constantes alucinaciones que acaba su vida saltando por una ventana. El suicidio literario escapa del corsé clásico y aparece en nuevos contextos, como el de la novela experimental de Unamuno *Niebla*, en la que el protagonista, Augusto, se rebela contra el autor y se suicida antes de que el escritor lo mate. Y en *El árbol de la ciencia*, de Pío Baroja, se suicida su protagonista, Andrés Hurtado, víctima de un pesimismo compartido con el autor. Patricia Highsmith recurre a él con frecuencia en sus tramas e incluso titula una de sus obras *Un suicidio curioso*. Nos encontramos con suicidas en las novelas de escritores tan distintos como Murakami, Pamuk, Coello o Amis, en historias que intentan descifrar el enigma del suicidio casi siempre desde la perspectiva patológica. La profusión de ejemplos demuestra que para la literatura hace tiempo que el suicidio dejó de ser un tabú, pero a pesar de su recurrencia en la creación contemporánea ese tratamiento normalizado no se corresponde con el silencio que lo sigue rodeando en la vida. Por alguna razón que convendrá desvelar, el suicidio continúa más asociado al ámbito de la ficción novelada que al de la realidad cotidiana, el escenario donde tiene lugar su verdadero drama.

Otras miradas

Para tener una visión más completa del concepto de suicidio es conveniente reparar en que, a lo largo de la historia, las distintas culturas que han poblado el planeta lo han considerado de maneras diferentes, y esas posturas frente a la muerte autoinfligida también han evolucionado dentro de un mismo pueblo. La visión judeocristiana predominante en Occidente no es la única concepción posible de esta cuestión trascendental. Así, en la Antigüedad, contradiciendo la posterior interpretación religiosa, los galos consideraron razonable el suicidio por vejez, por muerte de uno de los esposos, por fallecimiento del jefe o por enfermedad grave. De igual forma, para celtas y godos la vejez y la enfermedad eran causas admisibles para acabar con la propia vida. Los vikingos que no tenían la suerte de morir en la batalla se llegaban a quitar voluntariamente la vida dejándose caer sobre sus espadas o despeñándose, para entrar en el Valhalla, el gran templo de la mitología nórdica que Odín reserva a los héroes muertos en combate. Entre los pueblos germánicos, el suicidio era una fórmula honorable para evitar la muerte vergonzosa. En algunas tribus esquimales también existía la creencia de que era mejor quitarse la vida antes que perder la fortaleza física, porque las personas entraban en la próxima vida en el mismo estado en que habían abandonado esta. En la China anterior a nuestra era se concebía y admiraba el suicidio por lealtad, como nos confirma la historia de los quinientos discípulos de Confucio que se tiraron al mar en protesta por la destrucción de las obras del maestro tras su muerte en el año 479 a. C. En Japón, el suicidio ha tenido históricamente el tratamiento de un acto ceremonial, aplicable en casos de expiación o por derrota. Antiguamente, los japoneses respetaban el *seppuku* o *harakiri* (en japonés, abrirse el vientre), práctica de suicidio ritual por destripamiento, en origen restringida por consenso a los nobles y adoptada más tarde por todas las clases. El término también se utiliza ahora para designar cualquier suicidio cometido en aras del honor personal. Los orígenes de esta costumbre letal se remontan al Japón feudal, época en que lo practicaban los samuráis, o nobles guerreros, para eludir el deshonor de caer capturados por sus enemigos. Más tarde se convirtió de hecho en un método indirecto de ejecución, según el cual cualquier noble que recibiera un mensaje del *micado*, el emperador, por el que se le comunicara que su muerte resultaba esencial para el bien del imperio, debía ejecutarse a sí mismo. Aún durante la II Guerra Mundial, los kamikazes japoneses consideraban como un gran acto de honor el llevar a cabo misiones suicidas de bombardeo estrellando sus aviones contra el objetivo enemigo.

En algunas tribus africanas, por el contrario, consideraban maligno y terrible el contacto físico con el cuerpo del suicida, e incluso se quemaba su casa o el árbol donde se hubiera ahorcado, ya que se suponía que el suicidio reflejaba la ira de los antepasados y se consideraba un acto asociado a brujería, por lo cual el cuerpo se enterraba sin los ritos habituales. En el territorio centroafricano donde hoy se encuentra Uganda han vivido desde hace siglos los Baganda, un pueblo muy supersticioso con los suicidios. Cuando se producía un caso de suicidio entre ellos, el cadáver era trasladado a un cruce de caminos y quemado, en un intento por destruir el fantasma, utilizando para la hoguera el árbol o la cabaña donde se hubiera matado. Y nadie viviría en la cabaña de un suicida, por temor a la tentación de seguir sus pasos. También entre los wajagga del África oriental se conjuraba el suicidio, y, cuando alguien se ahorcaba, se sacrificaba después una cabra con la misma soga del suicida, con intención de aplacar al espíritu del muerto.

En la mitología maya, por su parte, existía incluso una diosa del suicidio, Ixtab, esposa del dios de la muerte, Chamer. Según su tradición, los suicidas de la civilización maya iban directamente al cielo y eran honrados después de morir, igual que se hacía con las víctimas de sacrificios humanos, los guerreros caídos en batalla o las mujeres muertas durante el parto. Ixtab era también la divinidad de la horca, y en la imagen que se recoge de ella en el *Código de Dresde* se la representa como el cadáver de una mujer con el rostro parcialmente descompuesto y con los ojos cerrados, colgando de un árbol. Su rol como divinidad era el de proteger a los que se suicidaban, acompañándolos y guiándolos al paraíso para que descansaran a la sombra del árbol cósmico, libres de todo sufrimiento. Algunos documentos históricos proponen la teoría de que el culto a Ixtab llegó a extenderse de manera tal, que antes de enfrentarse a la humillación, la enfermedad o la desgracia, el pueblo maya optaba por el suicidio, creando en casos de conflicto oleadas de muertes entre las clases altas, de manera similar a lo que sucedía con el *seppuku* en la tradición japonesa.

En la India, el suicidio se practicaba tradicionalmente por motivos litúrgicos o religiosos, así como por muerte del esposo varón, algo que hoy día es considerado delito criminal. Hasta finales del siglo XIX, el *suttee* o *sati* (en sánscrito, «mujer virtuosa») era una práctica habitual que consistía en la autoincineración de una mujer viuda en la pira funeraria del cadáver de su marido o por otros medios, en el caso de que el esposo hubiera fallecido en un lugar remoto. Los autores clásicos lo citan ya en el 316 a. C., y en sus orígenes parece ser que el *sati* fue una costumbre y un privilegio de la realeza que más tarde se generalizó y legalizó. En teoría, el acto del *sati* tenía carácter voluntario, pero en las comunidades ortodoxas la mujer que se negaba a realizarlo era condenada al ostracismo. El rito fue abolido por la legislación inglesa aplicada a la India en 1829 y su incidencia descendió enormemente con respecto a los seiscientos casos por año que se llegaban a contabilizar a principios del siglo XIX. Pero la costumbre no se erradicó completamente y aún hoy se sigue practicando de manera esporádica en algunas partes del país, especialmente en áreas rurales de la región de Rajastán, donde en el año 2006 se contabilizaron dos casos de este tipo de muerte abominable para las mujeres. Las diferentes maneras en que las concepciones culturales de cada época y lugar han abordado la construcción del suicidio dan cuenta del relativismo al que está sometida esta cuestión y obligan a recurrir la severidad con la que la historia occidental ha juzgado esta conducta.

El cementerio de los suicidas

A pesar de una cierta evolución en la concepción social del suicidio experimentada con el lento paso del tiempo, el carácter proscrito y la condición marginal que se le había atribuido desde la perspectiva cristiana y europea fue dejando un poso de rechazo en la conciencia colectiva del que no nos hemos librado aún, producto de siglos de barbarie e incomprensión. Resulta difícil borrar el recuerdo de una tradición milenaria según la cual los cadáveres de los suicidas debían ser mutilados y sus bienes legalmente confiscados. Por ello conviene volver a echar la vista atrás y recapitular la furia con la que se escenificaba públicamente la repulsa, precisar la historia de castigos y criminalización de la que somos herederos y asumir que nuestra visión del suicidio se debe construir a partir de ahí.

En plena fiebre condenatoria, no satisfechos con haber excomulgado y enviado a los suicidas al infierno, durante la Edad Media se fijaron las encrucijadas de los caminos como lugares de enterramiento de estos infortunados, ya que el mayor tráfico sobre esos puntos ayudaría a mantener sus cuerpos bajo tierra y confundiría a sus espíritus a la hora de encontrar la ruta de vuelta a casa. En el municipio francés de Lille, en el siglo XIII, se estipuló una forma precisa de tratar el cadáver de un suicida: si era varón debía ser arrastrado hasta el cadalso y luego ahorcado; si se trataba de una mujer, el cuerpo debía ser quemado. En algunas partes de Alemania, los cuerpos eran introducidos en toneles y arrojados al río, de forma que no pudieran volver a su lugar de procedencia. Y no era excepcional que en algunos lugares se les atravesara el corazón con una estaca, como a los vampiros, con la intención de acabar con su alma. En la Francia del siglo XVII, cuando se suponía que había habido un caso de suicidio, se designaba un *curateur* para defender a la víctima. Durante todo el tiempo que duraba el proceso, «el cuerpo era preservado en sal o arena o rociado con cal viva para evitar que se descompusiera demasiado antes de que la sentencia pudiera ser ejecutada. Una vez que se dictaba un veredicto de culpabilidad, se cogía el cadáver, se le arrastraba por las calles en un bastidor, boca abajo, guiado por un vigilante que proclamaba la razón de la sentencia. Luego se colgaba el cuerpo por los pies en un patíbulo y, tras haber sido expuesto, era arrojado al vertedero comunal junto a los esqueletos de caballos en descomposición». Los únicos suicidas a los que se les eximía de este destino eran los dementes, los indigentes y aquellos otros que hubieran podido sufrir hasta el extremo de ver afectada la razón.[44] Las deudas, la exasperación con la propia vida o los sufrimientos derivados de la enfermedad podían ser considerados también eximentes, pero eso no evitaba que el suicidio fuera considerado el más odioso de los crímenes concebibles. Los que no tenían la fortuna de encontrar excusados sus actos por la sinrazón se enfrentaban a las más despiadadas vejaciones post mórtem. Un caso concreto que relata con detalle las aberraciones practicadas sobre el cuerpo del suicida es el que tuvo lugar en el pueblo de Chateau Gontier, en la región francesa del Loira, en 1718. Allí, Marie Jaguelin, una pobre chica embarazada de seis meses, se envenenó por vergüenza de su estado, siendo soltera. Pero la desgraciada muchacha no advirtió que solo la nobleza podía matarse con impunidad. Su cadá-

---

[44] Minois, *op. cit.*, p. 137.

ver fue desenterrado, llevado a juicio, sentenciado y arrastrado boca abajo por las calles. Cuando el grupo llegó a la plaza del pueblo, el verdugo le abrió el vientre y extrajo los restos del feto, que fue enterrado en la parte del cementerio reservada a los no bautizados. El cuerpo lacerado de Marie fue colgado por los pies y abandonado, expuesto ignominiosamente a la mirada pública, hasta que se pudrió. Más tarde fue quemado y sus cenizas esparcidas al viento.[45]

En la concepción histórica del suicidio, dirigida por los dictados de la Iglesia, el Diablo cobraba un inusitado papel protagonista, al atribuírsele una participación directa en todas estas muertes. Es Satán quien manipula los sentimientos y los pensamientos de todo aquel que acaba con su propia vida, afirmaba en 1677 Richard Gilpin en un libro titulado *Daemonologia sacra, or a Treatise on Satan's Temptations* (*Demonología sagrada, o un tratado sobre las tentaciones de Satanás*). John Prince llegaba más lejos al asegurar que «con frecuencia, es el demonio el propio autor (o el agente principal) del abominable pecado del suicidio».[46] En esta época, por otra parte, el suicidio aristocrático no dejaba de aumentar, pero no se encuentran registros de confiscación de bienes y mucho menos de humillaciones físicas al cadáver de un noble. Los entierros se celebraban de la forma habitual, en tierra consagrada y acompañados de una misa solemne. Como afirma Minois, «al parecer, la libertad para quitarse la vida continuó siendo un privilegio de la nobleza».[47] Por la misma razón y por tratarse de métodos accesibles al común de las gentes, la cuerda y el agua se consideraban formas de morir humillantes y vergonzosas, en tanto que el acero de la espada, el veneno o la pólvora de las armas de fuego,

---

45 Ibíd., p. 202.
46 Michael MacDonald y Terence R. Murphy, *Sleepless Souls: Suicide in Early Modern England*, Nueva York: Oxford University Press, 1990, pp. 201 y 207.
47 Minois, *op. cit.*, p. 194.

rescataban de la ignominia a los que los utilizaban para despedirse del mundo.

En cualquier caso, a pesar de la prohibición del suicidio, y más allá de los debates sobre el problema ético o moral, los hombres y las mujeres han continuado matándose, independientemente de su condición social o de la posición del poder al respecto. «El debate sobre el suicidio tiene poco efecto sobre los hechos, porque la gente no se suicida en función de los tratados de teología, de moral o de derecho que se publican, sino según sus propios sufrimientos, miedos y frustraciones.»[48] Con el paso del tiempo, la consideración del suicidio va confluyendo hacia las opiniones actuales; su práctica aumenta o disminuye sensiblemente según los periodos y los lugares, convirtiéndose en una cuestión protagonista durante el Romanticismo en Europa, época en la que a la melancolía que lleva al suicidio se la conoció como *mal du siècle*. Ese discurso sobre el mal del siglo —aunque entonces estéticamente sobrevalorado por ciertas veleidades literarias, como se ha evidenciado— ayudó a que la cuestión apareciera en la escena pública y comenzara a abandonar la sordidez de su naturaleza oculta y marginal. La legitimidad del acceso al suicidio se democratizó para ya no dejar de acompañar el repertorio emocional del hombre moderno, como la desgraciada conquista de un derecho que reflejaba una triste realidad.

El progresivo cambio de mentalidad que se inicia con la Ilustración no tuvo un reflejo inmediato en los códigos penales. En concreto, a pesar de haber favorecido la aparición de los primeros discursos críticos, los propios líderes de la Revolución Francesa aún condenaron el suicidio porque consideraban que el cuerpo del individuo era propiedad del Estado. Pero el cambio ya estaba en marcha y el pueblo francés fue pionero en despenalizar el suicidio, adelantándose en doscientos años a las iniciativas de otros países. Las sanciones contra el suicidio de-

---

[48] Ibíd., p. 148.

saparecieron del código penal francés en 1791, mientras que en muchos países europeos la criminalización del suicidio continuó hasta finales del siglo XX. A pesar del tono progresista del discurso social en torno al *mal inglés*, el Reino Unido fue uno de los últimos países de Europa en despenalizarlo. Hasta 1961, el castigo en Inglaterra era de dos años de prisión para los que habían intentado darse muerte, de modo que hasta esa fecha los suicidas fallidos que despertaban en el hospital solían encontrarse a la policía junto a su lecho, esperando tomarles declaración. En Canadá, hasta 1972, cualquier intento de suicidio podía ser condenado con la cárcel. En Irlanda, no se despenalizó hasta 1993; en la India, en el año 1994; en Sri Lanka, en 1998; y en países como Singapur o el Líbano, por ejemplo, aún es un delito condenado hasta con un año de cárcel. El suicidio sigue siendo ilegal en otros muchos lugares y sigue habiendo leyes en su contra en los estados norteamericanos de Texas y Oklahoma.

Por otra parte, aunque la sociedad civil ha ido experimentando cambios notables con respecto a la barbarie de las prácticas condenatorias y a la consideración absurda de conducta punible, la Iglesia ha continuado negando la posibilidad de concebir que un ser humano disponga de su propia vida. La estrategia de la jerarquía eclesiástica de apropiarse de la prerrogativa del amo sobre la vida de su siervo, trasladada al poder de Dios sobre la vida del creyente, era demasiado rentable como para abandonarla. Durante siglos, la Iglesia se ha opuesto frontalmente a esta práctica y continúa castigando con severidad a los suicidas, basándose en la convicción de que el hombre no es dueño de su cuerpo, solo su guardián. Aún en pleno siglo XX, en 1917, un renovado código de Derecho Canónico declaraba que se debe denegar el entierro a aquellos que «de manera plenamente deliberada se hayan suicidado», pero desde entonces no hay reglas específicas que cubran el protocolo a seguir por la Iglesia en lo referente al suicidio y, en la práctica, las decisiones varían de una parroquia a otra y de un oficiante a otro. Según las normas eclesiásticas, solo se concede la autorización para efectuar el entierro si la autoridad pertinente estima como eximente la existencia de dudas sobre las facultadas mentales del fallecido a la hora de provocarse la muerte. Existen numerosos registros de suicidas enterrados en tierra no sacramentada durante el siglo XX, y la Iglesia —que ambiciona controlarlo todo, el sexo, las decisiones y por supuesto la vida del hombre— continúa considerando el suicidio un pecado mortal en la actual ley canónica, con la consecuencia ineludible de castigo eterno. «La muerte voluntaria, o sea, el suicidio, es por consiguiente tan inaceptable como el homicidio», afirmaba el Vaticano en 1980 en su última alusión explícita al respecto. «Semejante acción constituye en efecto, por parte del hombre, el rechazo de la soberanía de Dios y de su designio de amor. Además, el suicidio es a menudo un rechazo del amor hacia sí mismo, una negación de la natural aspiración a la vida, una renuncia frente a los deberes de justicia y caridad hacia el prójimo, hacia las diversas comunidades y hacia la sociedad entera, aunque a veces intervengan, como se sabe, factores psicológicos que pueden atenuar o incluso quitar la responsabilidad.»[49] Solo esta última frase descarga parcialmente una condena tan categórica como la de San Agustín de hace 1.500 años. En la versión más reciente del Catecismo de la Iglesia Católica, todas las formas de suicidio y eutanasia permanecen estrictamente prohibidas, aunque algunas cuestiones referentes a la culpabilidad moral y a la salvación eterna se dejan abiertas y se suavizan los términos de la condena: «Cada cual es responsable de su vida delante de Dios, que se la ha dado. Él sigue siendo su soberano Dueño. Nosotros estamos obligados a recibirla con gratitud y a conservarla para su honor y para la salvación de nuestras almas. Somos administradores y no propietarios de la vida que Dios nos ha

---

[49] *Declaración «iura et bona» sobre la eutanasia*, Congregación vaticana para la Doctrina de la Fe, 5 de mayo de 1980.

confiado. No disponemos de ella». Y continúa afirmando: «El suicidio contradice la inclinación natural del ser humano a conservar y perpetuar su vida. Es gravemente contrario al justo amor de sí mismo. Ofende también al amor del prójimo porque rompe injustamente los lazos de solidaridad con las sociedades familiar, nacional y humana con las cuales estamos obligados. El suicidio es contrario al amor del Dios vivo». Llegados a este punto, sin desdecirse de lo anterior, la doctrina católica deja entreabierta una ambigua posibilidad de esperanza para el creyente: «Trastornos psíquicos graves, angustias, o el temor grave a las dificultades, al sufrimiento o a la tortura, pueden disminuir la responsabilidad del suicida. [...] No se debe desesperar de la salvación eterna de aquellas personas que se han dado muerte, pues Dios puede haberles facilitado por caminos que Él solo conoce la ocasión de un arrepentimiento salvador. La Iglesia ora por las personas que han atentado contra su vida»,[50] lo cual tampoco supone un gran avance, ya que la Iglesia recuerda en sus plegarias incluso a sus enemigos declarados. En consecuencia, aún hoy hay que apelar a la gracia divina para asegurarse el enterramiento cristiano en caso de suicidio —aunque en muchas ocasiones se asuma de forma implícita y condescendiente—, por lo que los familiares de un suicida siguen expuestos a la posibilidad de recibir la hiriente negativa de un sacerdote en unas circunstancias de padecimiento indescriptible.

Esta historia de condenas civiles y religiosas hace que el eco del crimen aún resuene en nuestros oídos cuando tenemos noticia de un suicidio, incluso para los no creyentes y en países en los que ya no es delito. La opinión pública aún sigue impregnada de la sospecha de que el suicidio es ilegal o pecaminoso, un acto cercano al crimen o expresamente condenado por la ley y, por supuesto, por la religión. El resultado es que la acti-

---

[50] *Catecismo de la Iglesia Católica* (2003), párrafos 2.280-83 del Artículo 5, «Quinto Mandamiento».

tud social rechaza y condena fuertemente esta conducta, especialmente en países con mayoría de población católica, pero también en otros contextos religiosos como el musulmán. Aunque la aportación de la psicología puso el acento en la cuestión del sufrimiento humano, relegando parcialmente las condenas históricas, la sombra del estigma se continúa proyectando poderosamente sobre nosotros.

Albert Camus, en su obra *El mito de Sísifo* (1942), afirma contundente: «No hay más que un problema filosófico verdaderamente serio: el suicidio. Juzgar si la vida vale o no vale la pena de vivirla es responder a la pregunta fundamental de la filosofía».[51] Esa debe ser la cuestión que nos ocupe; esa, y poner todos los medios a nuestro alcance para que la balanza se incline del lado de la vida. El debate sobre la legitimidad del suicidio ha quedado obsoleto y mi convicción, como la de cualquier ferviente ateo, es clara al respecto; cada cual es dueño de su vida y debe serlo, en la medida de lo posible, de su muerte. Pero al margen de las opiniones personales de cada uno, legítimo o no, el caso es que un millón de personas cada año se quitan la vida de forma incontestable. Y con derecho o sin él a ojos de algunos, todos ellos lo hacen porque sufren de forma insoportable, hasta el extremo de abandonar para siempre a sus familias y amigos, hasta el punto de transgredir sus convicciones religiosas, hasta llegar a destruir a quienes les aman, incapaces de soportar sus vidas. El debate sobre la legitimidad debe ceder el puesto al debate sobre la forma de abordar el sufrimiento psíquico.

---

[51] Albert Camus, *El mito de Sísifo*, Madrid: Alianza Losada, 1981.

Capítulo II

Un millón de vidas

Un paso necesario para abordar el drama del suicidio consistirá en calibrar con mayor precisión su calado, enfocar las consecuencias que esta forma de muerte tiene en familiares y amigos, identificar las causas que más influyen y conocer mejor la forma en que se distribuye geográfica y socialmente. Ampliar nuestras miras, en definitiva, para superar los prejuicios y estereotipos que hemos construido durante siglos y que siguen torpemente vigentes. Para comenzar, es importante incorporar a este intento de radiografía social del suicidio a las *otras víctimas*, porque, por cada una de ese millón de personas que cada año se quitan la vida, se calcula que hay de media otras seis víctimas más: aquellas personas que ven afectadas sus vidas de una forma profunda a raíz de un suicidio. Estas víctimas colaterales se elevan, pues, a unos seis millones de personas cada año, y el acumulado generacional eleva el impacto del suicidio a niveles estratosféricos. En España, en concreto, unas 800.000 personas han experimentado el amargo duelo que supone perder a alguien muy cercano a causa del suicidio —aproximadamente, una de cada cincuenta—; y a esa cifra se suman anualmente unos 20.000 españoles más. Demasiados como para pretender que no habíamos advertido nada. Ignoramos la presencia a nuestro alrededor de una forma de muerte mucho más cercana de lo que queremos creer. Y esa ignorancia no hace sino multiplicar el sufrimiento de los que tienen la desgracia de perder a un familiar, un amor, un amigo o un compañero por ese camino inescrutable que es el suicidio. La desgraciadamente falsa sensación de excepcionalidad asociada al suicidio aumenta la incomprensión de un acto ya de por sí difícil de encajar. La familia y los más cercanos se enfrentan a un acontecimiento que se percibe como inédito y se sienten aún más aislados porque nadie les proporciona el menor recurso social para manejar sus sentimientos.

LOS SUPERVIVIENTES

El ocultamiento social y el silencio tácito generalizado con respecto al suicidio provoca que a sus otras víctimas —no los que se quitan la vida, sino las personas a las que afecta a posteriori y para siempre la iniciativa del suicida— les resulte insoportable la carga que se les viene encima. Al dolor de la pérdida que se sufre con cualquier muerte cercana se suma la incomprensión de un acto que permanece bajo llave en el imaginario social, secuestrado y en secreto. Al espanto de perder a un familiar de la manera más violenta posible todavía hoy se suma el reproche, directo o soterrado. El prejuicio prevalece de forma más o menos encubierta y el juicio moral sobrevuela todavía el ataúd de un suicida en su funeral. Siempre que pueda, el entorno del suicida ocultará este tipo de muerte para no despertar sospechas, para no asumir culpas infundadas, para no ser estigmatizados como disfuncionales y generadores de trastornos. La vergüenza y la culpabilidad también hacen su aparición en el escenario del suicidio junto a otras emociones más evidentes. Se suceden pensamientos que atizan sentimientos de frustración inmensa al plantear lo que se podría haber hecho para evitar una *muerte voluntaria*, esa contradicción irresoluble de dos términos antagónicos, incompatibles en nuestro fuero interno. La sorpresa y la impotencia vienen de la mano porque el suicida, en su determinación, no suele anunciar claramente su propósito porque sabe que sería interceptado. Así que el hecho consumado asalta de manera definitiva e irrevocable a su círculo afectivo con un solo gesto, imborrable y mortal de necesidad.

En las ocasiones en las que la comunidad cercana recibe información sobre las circunstancias de la muerte, bien porque se trate de una población pequeña, bien porque los medios de comunicación difundan los detalles, los prejuicios caen a toneladas sobre los familiares. Las sospechas sobre la *disfuncionalidad* del entorno del suicida implican sin remisión a los familiares más directos, a su pareja si la tenía, a sus padres, hijos, hermanos o amigos más cercanos. La responsabilidad del acto salpica a los más afectados por la muerte y al peso del luto por una pérdida que nunca se acaba de entender, se suma el riesgo de exposición a conclusiones precipitadas, a comentarios hirientes o incluso a acusaciones directas, fundadas o no. La culpa, la rabia y el sentimiento de rechazo se mezclan en el duelo por un suicidio cercano. Como afirma Alison Wertheimer en *A Special Scar* (*Una cicatriz especial*, 1991), al estudiar las consecuencias del suicidio en los supervivientes no solo se trata de enfrentarse a los propios sentimientos de incomprensión, dolor, abandono, culpa o rabia; también hay que encarar el juicio moral del resto de la sociedad: «Podía ver el horror en sus caras».[1] La noticia de un suicidio se oculta a propósito porque la sombra de la sospecha se yergue como un resorte en el preciso momento en que se menciona la forma de la muerte. Existe la creencia de que las *personas normales* no se suicidan, lo cual es tanto como decir que las *personas normales*, quienes quiera que sean, nunca lle-

---

1 Alison Wertheimer, *A Special Scar: The Experiences of People Bereaved by Suicide*, Londres: Routledge, 2001.

gan a sufrir tanto. Pero no hace falta ser un enfermo mental grave ni vivir una vida marginal para padecer un dolor psíquico insoportable, ya sea crónico o pasajero.

En el libro *Suicide and its Aftermath. Understanding and Counseling the Survivors* (*El suicidio y sus secuelas. Comprender y aconsejar a los supervivientes*), editado por Edward Dunne, John McIntosh y Karen Dunne-Maxim, los autores citan diversos estudios que investigan el grado de sufrimiento de aquellos que han perdido a una persona querida por un suicidio. Las investigaciones revelan que los que sobreviven a un suicida sienten una gran culpabilidad; y con mayor frecuencia que otras personas en proceso de duelo se empeñan en buscar explicación a una muerte que se hace difícil de comprender. Al mismo tiempo, encuentran menos apoyo social que quienes han perdido a alguien de otro modo. Más dolor y menos comprensión pueden ser una carga muy difícil de sobrellevar para alguien que siente el vacío de una muerte repentina y especialmente dura que genera un torbellino de emociones contradictorias. Según la Asociación Americana de Psiquiatría, el estrés que sufren estas personas —según una escala diseñada en orden creciente de intensidad que va desde el 1 (no hay estrés aparente) hasta el 6 (grado de estrés catastrófico)— alcanza el nivel máximo o catastrófico, equivalente al que resultaría de la experiencia en un campo de concentración. Los efectos del estrés postraumático de los familiares cercanos de un suicida generan reacciones psicológicas similares a las de quienes han sufrido una violación o vivido una guerra.

La dureza del proceso al que se enfrentan aquellos a quienes les estalla un acontecimiento de estas dimensiones en sus vidas se ve agravada por la falta de recursos sociales para procesar este tipo de dolor. Ante cualquier otra forma de muerte, por repentina o dolorosa que pueda ser, existen unos protocolos de consuelo, unas liturgias grupales que posicionan al doliente para encarar su proceso con el apoyo de su entorno social. Por el contrario, frente al suicidio, los cónyuges, hijos, padres o hermanos suelen encontrar el recelo de un ambiente que mira estupefacto la escena, que se queda paralizado por la noticia, cuando no da un paso atrás, en expresión de rechazo, para manifestar un reproche más o menos velado por lo sucedido. La investigación policial puede convertir en sospechosos temporales a los familiares más afectados por tratarse de una muerte violenta, en la que solo la autoría de los hechos diferencia la muerte voluntaria del asesinato. Carla Fine, una mujer abatida por la muerte de su esposo, cuenta cómo se veía cuestionada por preguntas que la colocaban en el papel de sospechosa, cuando la inmediatez del horror aún le hacía imposible creerse lo sucedido. La práctica policial lleva a contemplar la posibilidad del homicidio cuando las evidencias de suicidio no son categóricas, y en ese interminable *impasse*, al dolor repentino y a la angustia de una pérdida inexplicable se suma la duda acusatoria, que poco ayuda a afrontar un momento en el que suelen escasear los apoyos. Fine cuenta en No Time to Say Goodbye (*Sin tiempo para decir adiós*) cómo la policía la interrogaba como a una posible sospechosa en el trance de descubrir que su marido, un médico de Nueva York, se acababa de quitar la vida en su consulta inyectándose un preparado mortal. A la categoría oficial de sospechosa policial se sumaba la acusación implícita de un entorno social que, mediante un rechazo intencionado o un abandono deliberado, adoptaba una postura mucho más crítica que en otros casos de muerte. Y eso cuando, paradójicamente, más necesidad de consuelo se tiene, cuando al dolor de la pérdida repentina se han añadido sentimientos como la rabia por la agresión sufrida, la culpa por no prevenirlo y hasta la vergüenza por pertenecer, de golpe, al entorno *disfuncional* de un suicida. El libro de Carla Fine ofrece una conmovedora visión interna del proceso al que se enfrenta quien ha perdido a alguien querido a resultas de un suicidio. En él, recoge la autora —con la sensibilidad de la que solo es capaz quien lo ha padecido en primera persona— decenas de testimonios de los únicos que lo pueden contar: las parejas, los padres, los hijos, los hermanos y amigos de un suicida. Honesto y directo, cargado de todo el valor necesario para mirar de frente la dura realidad del suicidio, asume que el proceso curativo solo se puede iniciar afrontando el dolor que provoca. En esta radiografía del desolado paisaje emocional que deja el suicida entre sus seres queridos destaca el desamparo que experimentan los supervivientes, la práctica inexistencia de apoyos sociales reconocidos para abordar el sufrimiento extremo en el que se sumen, la incomprensión y hasta el rechazo manifiesto que se practica hacia los que se han visto sorprendidos por un revés de tal calibre.

A este amargo proceso de duelo a contracorriente se suma otra fuente de angustia para los familiares del suicida. Al mismo tiempo que el estigma de lo patológico sustituía a la condena penal, se fue forjando la idea de que el suicidio es hereditario. Los familiares dejaron de ser castigados con la desposesión pero, a cambio, recibieron otra condena mucho peor, una herencia envenenada. Además de sufrir la pérdida, sus vidas quedaban sentenciadas a acabar como la del pariente consanguíneo. El suicidio comenzó a ser el equivalente a un sello de locura genealógica, un estigma no limitado a un solo miembro, sino aplicable por extensión a todo el grupo familiar y a sus descendientes. Cuando las leyes civiles levantaron la mano que asfixiaba a las familias de un suicida, condenándolas a la pobreza y la marginación, el nuevo castigo, más implacable si cabe, vino a sustituir al anterior: el riesgo ineludible de locura y muerte.

De la mano de la medicina nació la idea del suicidio hereditario, una especie de maldición de sangre que persigue a una familia generación tras generación, como un destino del que no se puede escapar. En el imaginario popular quedó rápida y sólidamente anclada esta visión, lo que contribuyó a la forja de un prejuicio tremendamente dañino para muchos de los afectados por una muerte de estas características. Pero la perspectiva psicoanalítica ofrece una interpretación radicalmente distinta y considera esta conclusión como el resultado de un análisis erróneo, e incluso algunos psiquiatras lo consideran una «leyenda negra».[2] Y, sin duda, resulta más razonable remitirse al bagaje psíquico al considerar la posibilidad de que se repita el suicidio en una familia que intentar convertirlo en un fenómeno fisiológico o genético. El suicidio de un familiar es un quebranto de tal magnitud en el paisaje emocional de cualquiera que es inevitable quedar profundamente afectado por ese dolor, causante de un daño a veces irreparable en el sujeto. Además, es lógico suponer que unas experiencias vitales comunes como las que se comparten en las familias generen estructuras psíquicas semejantes, y un grupo familiar comparte muchos de esos valores afectivos, o sufre la carencia de ellos, lo que puede dar lugar a perfiles psicológicos parecidos entre sus miembros. En el caso de los niños que pierden a un padre o a una madre de esta forma, es necesario prestar una atención especial a su evolución afectiva, porque un trauma tan profundo es susceptible de generar no solo problemas inmediatos, sino afectar a su maduración emocional y a su vulnerabilidad psicológica a largo plazo.

A la experiencia traumática se añade la posibilidad de que la idea de la muerte autoinfligida se instale en una misma familia porque, como sucede en otras confrontaciones emocionales, la experiencia directa del drama lo hace *concebible*. El suicidio está tan oculto socialmente que toda familia que

---

[2] Así lo calificaba Joaquín Santodomingo, jefe del servicio de Psiquiatría del Hospital La Paz de Madrid en el artículo «Conducta suicida, ¿una "enfermedad" hereditaria?», *El Mundo*, Suplemento *Salud*, 15 de marzo de 2003.

lo experimenta de primera mano se ve transportada a un universo en el que, simplemente, el suicidio existe. Esta realidad se oculta con tanto celo que los que tienen la desgracia de vivirla de cerca experimentan una expulsión de la *normalidad* para verse instalados en el territorio que antes ocupaban el crimen y el pecado, y que ahora habitan la enfermedad mental y la anomalía. El estigma marca desde fuera a todos los allegados a un suicidio como sospechosos de fragilidad emocional y les atribuye una cuota variable de responsabilidad en la muerte. La percepción de sí mismos puede variar sensiblemente porque tras esta vivencia límite se experimenta una sensación de excepcionalidad de la que nadie está avisado. Según escribía Henry Fedden en su libro *Suicide*, nada hace descender tanto el prestigio de una familia como el rumor que le atribuye un suicidio. Esa noticia puede acabar con la imagen que un grupo familiar proyecta sobre la comunidad, y en la expresión «una desgracia en la familia» se recoge nítidamente la trascendencia grupal que tiene un hecho semejante. Fedden pone el acento en la responsabilidad social de la forma de elaborar colectivamente un suicidio «porque el suicidio ya no desata en primer lugar la cólera de Dios y de la ley, sino que lleva a oídos de la familia el cotilleo de lenguas maliciosas».[3]

El empeño en demostrar el carácter genético del suicidio no es nuevo, y ya en 1840, Forbes Winslow, en su libro *Anatomía del suicidio*, le atribuía claramente esa condición. Algo con lo que el doctor Charles W. Pilgrim coincidió plenamente en un discurso pronunciado ante la Asociación Americana Médico-Psicológica en 1906. Su convicción al respecto le llevó a estimar razonable la propuesta de «prevenir el matrimonio donde exista cualquier tacha hereditaria» de esta

---

[3] Henry Fedden, *Suicide, A Social and Historical Study*, Nueva York: Arno Press, 1980, p. 248.

naturaleza. Las pretensiones de una parte de la psiquiatría, refrendada por el calor de una opinión pública proclive a la condena, llegaron hasta el extremo de querer impedir que los familiares de un suicida pudieran tener hijos, basándose en un supuesto sin demostrar y más que discutible. En el polo opuesto, el psiquiatra francés del siglo XIX Jean-Pierre Falret relata un caso revelador que pone de manifiesto el peligro que se desata cuando estos prejuicios se extienden y se toman por ciertos: «Una muchacha de diecinueve años se entera de que un tío paterno se había suicidado. Esa noticia la afligió mucho; había oído decir que la locura era hereditaria, y la idea de que alguna vez podría caer en ese estado acaparó su atención. En tan desdichada situación se hallaba cuando su padre puso voluntariamente término a su existencia. A partir de entonces (ella) se cree realmente destinada a una muerte violenta. Se ocupa solo del fin próximo y repite mil veces: "¡Debo perecer como mi padre y como mi tío! ¡Mi sangre está corrompida!". Intenta suicidarse. Ahora bien, el hombre que ella creía su padre no lo era realmente. Para liberarla de sus temores, su madre le confiesa la verdad y le procura una entrevista con su verdadero padre. El parecido físico era tan grande que todas las dudas de la enfermedad se disipan en el mismo instante. Desde entonces renuncia a toda idea de suicidio, progresivamente recobra su alegría y su salud se restablece».[4]

Diversos equipos de investigadores se encuentran empeñados en encontrar un gen del suicidio que se resiste a ser descubierto. Una de las más recientes publicaciones es la encabezada por Virginia Willour, profesora del departamento de Psiquiatría de la Escuela de Medicina de la Universidad Johns Hopkins: «El próximo paso será localizar el gen que predispone a la muerte por propia mano. Una vez logrado

---

4   Jean-Pierre Falret, *De l'hypochondrie et du suicide*, 1822.

esto podremos identificar a las personas en riesgo de suicidarse y ofrecer a las compañías farmacéuticas un objetivo para posibles terapias».[5] Ojalá fuera tan fácil, pero algo nos dice que la lucha contra la depresión y el suicidio no pasa por alterar el genoma humano ni por diseñar un fármaco que garantice la felicidad. Además, por muy rentable que pueda resultar, este enfoque tiene la desventaja de desviar la atención del verdadero problema. Al incidir en la posibilidad de solución bioquímica, pierde preferencia la opción de atender los trastornos psíquicos a través del abordaje de los conflictos, la mejora de las relaciones emocionales o la búsqueda de apoyos externos.

Reducir a un factor hereditario la posibilidad de suicidio de distintos miembros de una misma familia es una simplificación oscurantista que elude la reflexión necesaria para abordar una cuestión tan compleja. Las causas del suicidio son tan profundas que limitar la explicación a una mera infección psíquica es un acto irresponsable, cuando no calculadamente interesado. Los expertos creen que es más probable que el suicidio se repita en una familia en la que un primer caso se ha silenciado y no se ha procesado emocionalmente de forma adecuada a través de la conversación y la terapia. Los sentimientos de culpa y rabia pueden enraizar mucho más fácilmente en un ambiente de incomunicación y silencio que en un núcleo familiar en el que se intenta dar salida a la angustia y el sufrimiento psicológico que experimentan los familiares de un suicida. Toda familia debe lidiar con la embestida emocional que supone perder a un padre, un hermano, un hijo o un esposo de una manera tan violenta e inexplicable. Deberá luchar para que el trauma, a veces aparentemente insalvable que provoca en cada uno de los miembros, no les arrastre a

---

[5] Virginia Willour *et al.*, «Attempted Suicide in Bipolar Disorder Pedigrees: Evidence for Linkage to 2p12», *Biological Psychiatry*, vol. 61, n.º 5, pp. 725-727.

un callejón emocional sin salida. Aunque también hay casos en los que la experiencia directa del padecimiento familiar que provoca un suicidio ayuda a prevenir más casos. Otros miembros de la misma familia pueden apartarse de posibles pensamientos suicidas tras observar de primera mano el dolor que causa una muerte tal, y la idea del suicidio como solución puede perder fuerza ante esta evidencia de sufrimiento. Pero hablar de un gen suicida, de sagas malditas o de la marca de Caín —como la han llamado algunos sin demasiado fundamento— es una distorsión simplista. La idea de que los casos que se conocen de contagio familiar se deben a factores psicológicos y no físicos resulta mucho más lógica que esa concepción de fatalidad que solo añade una angustia innecesaria a la ya trágica experiencia vital de los familiares de un suicida. Se trata de tener en cuenta que si la atención a las afecciones psíquicas debe ser prioritaria para todos, en el caso de los familiares y personas muy cercanas a un suicida, esa misma experiencia puede provocar una fragilidad potencial a la que se debe prestar atención especial.

Negar la realidad

Frente a la fuerza de los ataques y los prejuicios sociales que desencadena un suicidio, en ocasiones son incluso los propios familiares los que ocultan las evidencias y buscan la justificación del accidente o la agresión ajena para proteger el nombre y la reputación del fallecido o eludir el estigma sobre sí mismos. Hasta la posibilidad del asesinato resulta más consoladora que contemplar el escenario de un suicidio. Y, por supuesto, el simulacro de muerte accidental es un recurso de muchas de las víctimas para ocultar su suicidio, porque así la sombra de la culpa no se proyecta sobre el grupo familiar. Se estima que en torno a un 10% de los accidentes de tráfico son suicidios encubiertos. Los historiales de depresión u otras afecciones psíquicas, los intentos previos de suicidio o las circunstancias en las que tienen lugar los accidentes —colisión de un solo vehículo contra un objeto fijo, marcas de aceleración, testigos...— sirven de base para cuantificar estos casos. Este afán de ocultar una realidad, que en caso de conocerse solo puede hacer más daño a los que ya sufren la pérdida, contribuye a que los datos sobre la mortalidad por suicidio en general subestimen la verdadera prevalencia en la población. Esos datos son el producto final de una cadena de informantes que incluye a quienes encuentran el cuerpo (a menudo miembros de la familia), médicos, policía, forenses y estadísticos. Cualquiera de estas personas, por una serie de razones, puede ser renuente a definir una muerte concreta como suicidio. Esto tiende a ser más frecuente en los lugares donde las actitudes religiosas y culturales condenan el suicidio. Cooper y Milroy[6] han encontrado una subnotificación del suicidio del 40% en los registros oficiales en ciertas regiones de Inglaterra. Se puede ocultar un suicidio para evitar la estigmatización de la persona que ha acabado con su propia vida, o de la familia, por conveniencia social, por razones políticas o religiosas, o para beneficiarse de pólizas de seguro; también sucede que el propio sujeto que se suicida deliberadamente lo hace parecer un accidente.[7] Y también puede clasificarse equivocadamente un suicidio como otro tipo de defunción, cuando personas de edad avanzada o con enfermedades crónicas dejan de tomar las medicinas que las mantenían con vida.

---

[6] P. N. Cooper y C. M. Milroy, «The coroner's system and underreporting of suicide», *Medicine, Science and the Law*, n.º 35, 1995, pp. 319-326.

[7] Diego de Leo, «Suicidal Behaviours at the Dawn of the New Millenium: On Their Nature, Magnitude, and Casualty». Conferencia pronunciada en Griffith University, 8 de junio de 2000.

Ocultar la realidad del suicidio es un mecanismo de defensa que busca protegerse de posibles agresiones que pueden provenir, durante el propio tránsito funerario, incluso de los representantes de las confesiones religiosas. En ocasiones, éstos se niegan a brindar sus ritos con el respaldo de su dogma, escudándose en que este tipo de muerte les hace sentir incómodos o condenándola abiertamente. Carla Fine relata casos de funerales censurados por distintas iglesias y comportamientos reprobatorios de rabinos y sacerdotes hacia familiares de un suicida. «Fui a ver a mi tío y me dijo que la policía había dictaminado que el accidente de mi madre había sido deliberado», cuenta la hija de una mujer católica cuyo coche había caído al río por un puente. «Me dijo que no había sido enterrada en el cementerio católico y que no se había permitido que su ataúd entrara en la iglesia.»[8] No se puede concebir un rechazo mayor para un creyente que el hecho de que a los juicios morales terrenales se les sumen los divinos. El estado de vulnerabilidad en el que se encuentran los supervivientes de un suicida no solo no se ve reconfortado por estos dispensadores profesionales de consuelo, sino que incluso puede verse agravado por ellos. Algo tiene que cambiar de manera muy radical para que personas víctimas de un sufrimiento extremo no tengan que esconder su dolor para que no se lo acrecentemos. Es necesario romper ese círculo vicioso de silencio y ocultación que conduce a una percepción equivocada de la magnitud y el alcance de esta realidad social, que nos deja a la intemperie emocional, expuestos al zarpazo inesperado y desamparados a la hora de encontrar apoyos.

Fine recuerda cómo se vio sojuzgada también por el comportamiento de personas de su propio círculo tras el suicidio de su marido: «Algunos miembros cercanos de la fami-

---

[8] Carla Fine, *No Time to Say Goodbye. Surviving the Suicide of a Lived One*, Nueva York: Broadway Books, 2000, pp. 72-73.

lia que sabían la verdad sobre su suicidio decidieron no asistir al funeral por motivos que nunca me explicaron. Yo interpreté sus ausencias como un juicio contra mi persona: yo era culpable, a sus ojos, por permitir que mi marido muriera».[9] Este comportamiento acusador al que se refiere Fine se puede llegar a manifestar de forma explícita, como confrontación y reproche, pero más frecuentemente se dejará sentir por defecto, por la ausencia de comentarios y de gestos reparadores, por el silencio que pretende disfrazar de respeto una actitud negadora. Un informático de 47 años cuenta su experiencia al respecto después de que su pareja se disparara un tiro mortal: «Todo el mundo en mi oficina parecía evitarme tras el suicidio de mi mujer [...]. Cuando volví al trabajo después del funeral nadie mencionó siquiera que había muerto. Colegas a los que conocía desde hacía años desviaban la mirada cuando me veían; si llegábamos a hablar, la conversación giraba en torno a las últimas cifras de venta o a los resultados del baloncesto. Quería subirme a mi mesa de trabajo y gritar: "Mi mujer está muerta. Por favor, que alguien lo reconozca"».[10]

Cabe esperar que esta actitud social que todavía está a años luz de ser honesta y justa con estas personas vaya evolucionando hacia una actitud menos culpabilizadora, como empieza a suceder con el paulatino giro de la política de las compañías de seguros —barómetro de los valores y prioridades de la moderna vida capitalista—, que durante mucho tiempo excluyeron el suicidio por completo de sus pólizas de seguros de vida. En España, desde 1980, la ley establece que el suicidio queda cubierto por un seguro de vida si la muerte se produce transcurrido un año desde la firma de la póliza y si no se han estipulado otras condiciones en contrario, posibilidad a la que la ley aún deja margen.[11] Además, la existen-

---

[9] Ibíd., p. 49.
[10] Ibíd., p. 137.
[11] Ley de Contrato de Seguro 50/1980, Artículo 93.

cia de un intento de suicidio documentado previamente a la firma del seguro puede ser causa de nulidad. En Estados Unidos, según el manual *McGill's Life Insurance*, escrito en 1959 y revisado en 1967, la jurisprudencia determinaba que un seguro de vida no tenía que cubrir los casos de suicidio, ya que el suicidio estaba condenado por muchas leyes religiosas y que el intento de suicidio era incluso castigado por la ley. Esta visión ha sido recientemente rechazada y limitada al plazo de dos años desde la contratación del seguro.

Es evidente que a pesar de estos tímidos avances aún queda mucho trecho por recorrer para relacionarnos de forma saneada con las víctimas del suicidio y para llegar a entender la magnitud de este tremendo problema al que se enfrentan millones de personas cada año en todo el mundo. Y es que los supervivientes afrontan algo aún más complejo que el rechazo de una sociedad inmadura y acusadora, y más difícil de superar que el dolor que supone la pérdida de una persona querida. El que sobrevive a un suicida nunca resolverá sus dudas sobre los motivos que llevaron a la muerte a esa persona querida, nunca acabará de descifrar las razones profundas por las que decidió quitarse la vida. Hasta las notas de suicidio, al estar escritas en momentos de máximo sufrimiento y frecuente turbación, suelen aportar más confusión que consuelo, con alusiones incoherentes o referencias crípticas. Las últimas palabras dejadas por un suicida suelen componer textos escalofriantes por el crudo intento de explicar lo inexplicable. Solo se escriben en entre el 10% y el 25% de los casos, y casi nunca son de gran ayuda para aclarar las motivaciones de su autor, ya que poner por escrito las causas profundas de la pulsión de muerte requeriría una gran lucidez y algo más que unas cuantas líneas. La nota final de Virginia Woolf puede considerarse una excepción, que resume el sentimiento de aquellos que soportan un dolor mental insufrible, acechados por la locura: «Tengo el presentimiento de que me volveré loca. No puedo seguir viviendo en estos tiempos terribles. No me recuperaré esta vez. Oigo voces y no puedo concentrarme en mi trabajo. He luchado contra ello pero ya no puedo luchar más». Y llenando de piedras los bolsillos de su abrigo con convicción, se adentró en el río Ouse.

El silencio unilateralmente impuesto y la forma repentina de la muerte hacen imposible la despedida y cualquier forma de preparación psicológica para lo que está por venir. «La torturadora ambigüedad que el suicidio deja como legado —dice Fine— no permite que se haga un cierre definitivo ni un duelo *adecuado*. El reto de sobrevivir consiste en hacer el duelo sin comprenderlo; con dolor y pena, sí, pero con la conciencia de que nunca sabremos por qué nos han abandonado aquellos a quienes amábamos.»[12] La literatura y la pintura desarrollaron durante siglos un género que glorificaba el hecho de quitarse la vida como una iniciativa que transportaba en ocasiones a su protagonista al otro lado del umbral del mito. La naturaleza de un acto tan ominoso se invistió en los trasfondos del arte, históricamente y aún hoy, de una grandeza heroica, de un tono de coraje y valor para decidir su destino, enfrentándose a la muerte a voluntad antes de que llamara a su puerta. Pero la realidad es bien distinta. Los que realmente deben demostrar madera de héroes son los que quedan atrás cuando alguien querido se suicida. Son ellos los que deben aprender a levantar el peso de una losa que amenaza con impedirles ser felices. El empuje necesario para recuperar la posibilidad de tener una vida plena sí que merece un reconocimiento unánime. Se trata de una tarea más callada, de un gesto menos espectacular o menos literario pero, sin duda, mucho más cargado de vida y valor.

---

[12] Fine, *op. cit.*, p. 191.

El horror de las cifras

La evolución de la tasa de suicidio en el mundo, y en los distintos territorios particulares, puede interpretarse como un indicador general de la evolución de la calidad de las relaciones humanas y el nivel de apego a la vida de cada población concreta. Detrás de cada caso de muerte voluntaria, al margen de las complejísimas imbricaciones psicológicas, hay una multiplicidad de factores sociales entre los que se cuentan el nivel general de satisfacción afectiva; el grado de integración y de tolerancia social; la vinculación familiar, escolar o laboral; los factores de demanda y exigencia sociales vigentes en cada época y lugar, y los ideales y valores dominantes en esa cultura concreta, entre otras variables. Se podría interpretar que hay un número —la tasa de suicidio— que funciona como la calificación final del examen definitivo de nuestro nivel de vida y muerte. Y el primer problema que encontramos al analizar globalmente las cifras que evalúan el ambiente social en el que nos hayamos inmersos es que no estamos mejorando nada en los resultados sino más bien todo lo contrario.

Según los estudios de la Organización Mundial de la Salud, el hecho de que cada año muera de esta forma más de un millón de personas sitúa el suicidio entre las cinco primeras causas de mortalidad en el mundo, con más de un 1% del total de las muertes. Siempre según esta organización, en 2020 la cifra habrá crecido hasta un millón y medio de suicidas al año. La magnitud del sufrimiento humano que revelan esas cifras es, sencillamente, inimaginable. Todo ello, sin olvidar que las cifras de mortalidad por causa de suicidio suelen verse afectadas por una estimación a la baja. Ya se ha visto que los casos de suicidio pueden ser ocultados voluntariamente por parte de los familiares para evitar la estigmatización social; pero también por parte de las autoridades por conveniencia política; y, sin duda, por parte de las víctimas cuando se enmascaran como accidentes. Junto a estos escalofriantes datos encontramos que el número de personas que realizan intentos fallidos de acabar con su propia vida se multiplica por veinte. Y a los intentos de suicidio hay que sumar otros comportamientos autodestructivos —otra forma de pequeña muerte—, los llamados *parasuicidios*, conductas por las que el sujeto de forma voluntaria e intencional se produce un ataque físico cuya consecuencia es el dolor, la desfiguración o daño de alguna función o parte de su cuerpo, en algunos casos sin la intención aparente de matarse. La automutilación, por ejemplo, es una conducta más común de lo que somos capaces de llegar a entender y consiste en la destrucción o alteración de partes del propio cuerpo sin una intencionalidad suicida consciente. Desde la automutilación en grado extremo (como la amputación de dedos, manos, pies, genitales o la ceguera autoprovocada), pasando por golpearse la cabeza, los mordiscos, arañazos o quemaduras autoinfligidos o arrancarse el pelo de forma compulsiva, la violencia física dirigida contra uno mismo adquiere muchos grados y desvela un estremecedor catálogo de afecciones psíquicas. Pero las formas de autodestrucción que podemos aplicarnos y los grados en los que podemos llevarlas a cabo son innumerables. Algunas de ellas van asociadas a un cierto placer —como el tabaco o los excesos con el alcohol, las drogas o la alimentación— y otras son simple y llanamente agresiones sin satisfacción alguna.

En términos globales, la OMS estima que en los últimos cincuenta años las tasas de suicidio se han incrementado un 60% en el mundo. Curiosamente, el incremento de los suicidios corre paralelo al incremento gradual del desarrollo urbano y la educación. Además, es significativo e inquietante que el mayor incremento de la tasa de suicidios se haya venido produciendo en el grupo de edad de los menores de cuarenta años. A pesar de que las cifras de suicidio habían sido siempre más altas entre los hombres maduros, las tasas entre la población joven han ido en aumento hasta tal punto que ahora son el grupo de más riesgo en un tercio de los países del mundo. En Europa mueren 58.000 ciudadanos cada año por suicidio —7.000 más que por accidentes de automóvil— y, en particular, el suicidio juvenil ha escalado puestos hasta ocupar uno de los primeros lugares entre causas de defunción, llegando a ser la segunda causa de muerte en varones de entre 15 y 34 años. En lo relativo al género, el suicidio de los hombres sigue triplicando al de las mujeres, y así se viene produciendo de forma histórica. También es destacable el hecho de que, a pesar de los resultados finales, los intentos de suicidio sin resultado de muerte entre las mujeres son de dos a tres veces más frecuentes que entre los hombres, debido principalmente a que suelen utilizar métodos menos mortíferos que los hombres. La menor incidencia del suicidio en las mujeres se puede explicar también por el papel más protagonista que suelen desempeñar en la vida familiar y afectiva. Estas tareas las vinculan más estrechamente al núcleo familiar, de tal manera que evitan en mayor medida su aislamiento social y emocional. También se da la circunstancia de que las mujeres solicitan tratamiento médico con más frecuencia que los hombres, con lo que se incrementan las posibilidades de detectar y tratar los problemas psiquiátricos. Por el contrario, los hombres se manifiestan en general más expuestos a perder su identidad profesional, una adversidad agravada con frecuencia por una mayor exposición a la soledad y a la pérdida de conexión social. Otras conductas agravantes relacionadas con el suicidio, como el alcoholismo o la adicción a las drogas, son también más frecuentes entre los hombres.[13] La única

---

[13] Danielle Saint-Laurent, Norman L. Farberow y Brian L. Mishara, «Suicide Basics: Epidemiology, History, Prevention», en Robert Kastenbaum (ed.), *Macmillan Encyclopedia of Death and Dying*, Farminton Hills, Michigan: Macmillan Reference Books, 2003.

excepción a esta regla se halla en la China rural, donde el suicidio femenino es ligeramente superior al masculino, circunstancia relacionada con la opresión y la discriminación a las que están sometidas las mujeres chinas.

El suicidio, como se ha dicho, es la tercera causa de muerte entre la población joven. En España, en los últimos veinticinco años, la tasa de suicidio entre hombres jóvenes de 15 a 24 años se ha multiplicado por cuatro, lo que supone el incremento más alto del mundo occidental —también, en parte, porque durante el franquismo no trascendían todos los datos, con el resultado de una contabilidad a la baja—. En el conjunto de países más industrializados, entre los niños de 10 a 14 años —según un informe fechado en 2008 y realizado por el Observatorio de Salud de la Infancia y la Adolescencia—,[14] solo los accidentes y la leucemia causan más víctimas. De entre todos los casos en que la muerte dentellea con fuerza destaca sin duda el escalofriante suicidio infantil. ¿Quién puede entender que entre 1979 y 1996 se suicidaran en Estados Unidos 84 niños de entre 5 y 9 años?[15] Y es que cuanto más pequeños son los niños, más dura de encajar es esa realidad. En nuestro país aún se recuerda el caso de Daniel Ruiz Barriocanal, un niño de 9 años de Tirgo (La Rioja) que el 5 de noviembre de 1985 salió temprano de su casa para ir a la escuela. En lugar de ir a clase ese día se dirigió al campo y allí buscó un cerezo en el que se ahorcó. Tan solo dejó una nota a sus padres diciéndoles que fueran ellos a por el pan y la leche, porque él no iría.[16] El fondo de la cuestión remite a la enorme

---

[14] *Els problemes de salut infantil, tendències en els països desenvolupats*, Observatorio de Salud de la Infancia y la Adolescencia Faros, Hospital Sant Joan de Déu, Universidad de Barcelona, septiembre de 2008.

[15] Cifras del NCIPC (National Center for Injury Prevention and Control).

[16] Citado en «Miscelánea», *Vacaciones en Polonia*, n.º 3, Madrid, 2007, p. 52.

cantidad de niños que sufre algún tipo de afección psicológica, una realidad que afecta al 20% de la población infantil. En este contexto de sufrimiento psíquico extensivo que afecta a uno de cada cinco niños, en el año 2006, en España, llegaron hasta el extremo del suicidio nueve niños de entre 10 y 14 años, según el INE. Quizá no se trate de una cifra astronómica pero estoy convencido de que un solo caso de suicidio infantil es un precio demasiado alto para este planeta.

Por lo que se refiere a los métodos más utilizados para quitarse la vida, el ahorcamiento es el más recurrente en todas las latitudes, seguido por el uso de armas de fuego, el salto al vacío y el ahogamiento. Estados Unidos representa una excepción relevante, dado que allí el disparo con arma de fuego es el método utilizado en el 60% de los casos. En casi todas las partes del mundo las mujeres utilizan métodos menos violentos, como las sobredosis de medicamentos, aunque una excepción bien conocida a este respecto es la autoinmolación de viudas en la hoguera en India.[17] En España, el suicidio femenino aporta otra inquietante excepción, ya que se ha convertido en la principal causa de muerte para las mujeres de 30 a 34 años; una edad en la que, según un reciente estudio, se acentúan los trastornos depresivos dada la mayor exigencia laboral y familiar que sufren las mujeres con respecto a los hombres y a la presión que aporta la edad en relación al deseo de tener hijos.[18] Pero, frente a la insistencia mediática de campañas contra los accidentes en carretera o la violencia machista, no se oye ni una sola voz que intente amortiguar el impacto de estas cifras, y son las mismas mujeres y los mis-

---

[17] Diego de Leo, «Suicidal Behaviours at the Dawn of the New Millenium: On Their Nature, Magnitude and Casualty». Conferencia pronunciada en Griffith University, 8 de junio de 2000.

[18] Encuesta realizada por la Sociedad Española de Médicos de Atención Primaria (Semergen) entre 1.300 pacientes femeninas, hecha pública en marzo de 2008.

mos hombres los que están muriendo. Los aproximadamente ochenta suicidios que tienen lugar en Madrid en un año suman lo mismo que el número de mujeres asesinadas en toda España por violencia de género. No se trata de comparar, porque todas las muertes son relevantes, pero sí de dar la referencia de los órdenes de magnitud en que nos movemos. «Hemos comentado muchas veces en el INE que se pone el acento en temas como la violencia de género, con la enorme importancia que tiene, o en los accidentes de tráfico, y en cambio los suicidios parece que no existen, porque no son noticia. Pero sí, suman casi diez personas cada día, unos 3.300 suicidios al año», destaca Antonio Argüeso, subdirector general de Estadísticas y Análisis Sociales del INE.[19]

Algo debe funcionar mal cuando averiguamos que el 11% de la población adulta de occidente ha deseado la muerte en algún momento de su vida. Para enfrentarnos a todo ello con conocimiento de causa, resulta prioritario determinar con exactitud la diferencia existente entre los suicidios reales y los suicidios certificados, una estadística que ha de mejorar notablemente, como evidencian las oscilaciones de cifras en función de las fuentes consultadas. Según el INE, los muertos por suicidio suman 3.300 cada año, pero, según los datos que baraja la Sociedad Española de Medicina General (SEMG), esta cifra se eleva hasta los 4.500. El Instituto Nacional de Estadística (INE) acaba de cambiar su forma de cuantificar estas muertes, después de comprobar que le bailaban las cifras, dependiendo de si se extraían de partes médicos o de informes judiciales. Para evitar este doble recuento, desde 2007, siguiendo los estándares internacionales en la materia, se ha adoptado la decisión de suprimir los boletines del Suicidio y elaborar la Estadística de Suicidios usando como

---

[19] María R. Sauquillo y Beatriz Portinari, «Suicidio: callar sí, ignorarlo no», *El País*, 17 de abril de 2008.

información de base el boletín de muerte violenta que se utiliza para la Estadística de Defunciones según la Causa de Muerte, según informa el INE.

Considerando cualquiera de estas fuentes, al menos 20.000 personas se han quitado la vida en nuestro país en los seis últimos años y siempre con cifras anuales por encima de los 3.000 fallecimientos. En 2005, de cada cuatro suicidios, tres fueron llevados a cabo por hombres, y el número total fue superior al de los fallecidos en accidentes mortales en carretera, según se desprende de los datos comparados del INE y el Ministerio del Interior: los muertos por suicidio fueron 3.399, mientras que los fallecidos en accidentes de tráfico fueron 3.329. Quince años atrás, en 1991, el número de suicidios había sido de 2.599, por lo que se comprueba que el incremento ha sido sobrecogedor, algo que debería preocuparnos en extremo, así como convertir por fin esta cuestión en prioridad social y movilizarnos para desarrollar campañas y actitudes preventivas desde todos los ámbitos.

CONSTELACIONES DE CAUSAS

La primera pregunta que nos asalta cuando se habla del suicidio es *por qué*. Deseamos averiguar los motivos por los que una persona se quita la vida para intentar comprender lo incomprensible, para ponernos a salvo y protegernos de ese posible riesgo. Pero no es fácil contestar a esa pregunta, porque no existe una causa que explique el suicidio. En todos los casos hay que buscar una serie de factores conjugados, una constelación de causas, como dice el doctor César Navarro. Una persona se quita la vida porque un mal día los cuerpos celestes de su universo psíquico aparecen alineados de forma que su muerte se hace inevitable: su pasado, su presente y su percepción del futuro. En esta misma línea, y continuando con la metáfora astronómica, Primo Levi, al hablar del suicidio de Jean Améry, dice que «su suicidio, como todos, admite una nebulosa de explicaciones».[20] El conjunto de elementos que conforman el estado de ánimo de una persona —y que puede desembocar en una depresión mortal— es tan variado como el espectro de individuos; pero la soledad, el abuso sexual o físico, la carencia afectiva, el rechazo familiar, la ruina económica, la marginación, la falta de autoestima y la culpabilidad son factores que se repiten con frecuencia en las biografías de los que acaban con sus propias vidas. También situaciones de crisis como el desempleo, la inseguridad, la pérdida de ingresos, la enfermedad grave o degenerativa, cualquier circunstancia que contribuya a la ruptura de lazos familiares, la emigración y el aislamiento mental y físico influyen en la conducta suicida. Por otra parte, el peso de la subjetividad de los motivos que llevan a alguien a procurarse la muerte desempeña también un papel protagonista, que contribuye en el factor de incomprensión que provocan tales actos. Y esa incomprensión de lo subjetivo es una de las fuerzas dominantes en la forja del enigma y el estigma que rodean al suicidio. Nos resistimos a aceptar que una persona se haya quedado sin alternativas, queremos creer que siempre hay otra solución, y pensamos que otro individuo en idénticas circunstancias no haría lo mismo. Pero las circunstancias nunca son idénticas. Junto a las experiencias vitales cada sujeto arrastra su bagaje psicológico exclusivo, sus debilidades y fortalezas, sus anhelos y sus frustraciones.

Casi la totalidad de los casos de suicidio es atribuible a enfermedades mentales y trastornos del ánimo que provocan en quienes los padecen un sufrimiento psíquico insoportable. La Organización Mundial de la Salud calcula que, del millón

---

[20] Primo Levi, *Los hundidos y los salvados*, Barcelona: Muchnik Editores, 1989.

de personas que cada año se quitan la vida, más del 90% padece una enfermedad mental —que a menudo no se ha diagnosticado ni tratado—, abusa del alcohol u otras drogas o ambas cosas. «Más del 90% de los casos de suicidio están relacionados con desórdenes mentales como depresión, esquizofrenia y alcoholismo», confirmaba en 2006 el director del Departamento de Salud Mental de la OMS, Benedetto Sarraceno, con motivo del Día Mundial de la Salud Mental. El sufrimiento físico es el principal responsable del porcentaje restante. El alcoholismo es otro indicador de salud pública altamente asociado con los casos de muerte autoinducida. En alrededor de un tercio de los casos de suicidio hay un historial de dependencia del alcohol, y entre un 5% y un 10% de los alcohólicos acaba suicidándose.[21] En algunos países, la proporción de suicidios relacionados con el abuso del alcohol asciende a una cuarta parte de los casos, y aunque resulta discutible en qué medida el alcoholismo es causa o síntoma, en cualquier caso es un indicador de riesgo.

Para avanzar en la determinación de las causas del suicidio se ha propuesto la técnica denominada *autopsia psicológica*, una de las herramientas más útiles que propone la investigación que versa sobre el suicidio consumado. El método implica recoger toda la información disponible sobre el fallecido mediante entrevistas estructuradas con los miembros de la familia, los parientes o los amigos, así como con el personal sanitario que le haya podido atender. Además, para realizarla se recoge información de los historiales médicos disponibles y, en su caso, psiquiátricos, de otros documentos relevantes y del examen forense. Así pues, una autopsia psicológica sintetiza la información de múltiples informantes y registros. La primera generación de autopsias psicológicas

---

[21] *Preventing Suicide. A Resource for Primary Health Care Workers*, Ginebra: Departamento de Salud Mental, Organización Mundial de la Salud, 2000.

estableció efectivamente que más del 90% de los suicidas que consumaron el acto había sufrido trastornos mentales, la mayoría de ellos trastornos del estado de ánimo, trastornos por uso de sustancias o ambos.[22]

Albert Camus, en *El mito de Sísifo*, hace una sugerente reflexión sobre los mecanismos que se pueden desatar en la cabeza de cualquiera que llega al extremo de considerar su propia muerte: «Muchas son las causas para un suicidio y, de manera general, las más aparentes no han sido las más eficaces. La gente se suicida rara vez (sin embargo, no se excluye la hipótesis) por reflexión. Lo que desencadena la crisis es casi siempre incontrolable. Los diarios hablan con frecuencia de *penas íntimas* o de *enfermedad incurable*. Son explicaciones válidas, pero habría que saber si ese mismo día un amigo del desesperado no le habló con un tono indiferente. Ese sería el culpable, pues tal cosa puede precipitar todos los rencores y todos los cansancios todavía en suspenso».[23] El impulso irrefrenable y el arrebato emocional son una compañía mucho más habitual en los casos de suicidio que la decisión ponderada y serena. Las razones últimas de un suicidio son casi siempre inextricables y en todo caso complejas, ya que los desencadenantes últimos de cada muerte voluntaria se encuentran fuera de lo que ningún otro ser humano puede llegar a comprender y, normalmente, resulta imposible elaborar un discurso racional al respecto. Pretender identificar con certeza los motivos que han llevado a alguien a quitarse la vida resulta tan irrealizable como psicoanalizar a un cadáver. La mayoría de los suicidas no son enfermos mentales crónicos sino víctimas de un episodio más o menos duradero de depresión o ansiedad o víctimas de un sentimiento profundo

---

22   Erkki T. Isometsä, «Psychological autopsy studies. A review», *European Psychiatry*, n.º 16, 2001, pp. 379-385.
23   Albert Camus, *El mito de Sísifo*, Madrid: Alianza Losada, 1981.

de aislamiento, infelicidad desesperada o soledad. Los pensamientos y comportamientos suicidas pueden ser el resultado de una vida de angustias y pérdidas, a las que el individuo se siente incapaz de enfrentarse y a las que solo desea poner fin, para que cese el dolor. Pero el problema de fondo es que nuestra sociedad prefiere ignorar las afecciones mentales: las ocultamos y, muy frecuentemente, las tratamos como un simple desequilibrio químico. En una sociedad en la que sigue habiendo tanto estigma y tanta ignorancia con respecto a la enfermedad mental y los trastornos del ánimo, una persona con sentimientos suicidas —temerosa de los prejuicios sociales si reconoce o expresa sus emociones— puede resistirse a buscar ayuda incluso durante una crisis. Si a eso sumamos el factor de excepcionalidad asociado al suicidio a causa del silencio circundante, quien experimente esas tendencias puede asociar su estado con una conducta radical y marginal, situación ante la que se desconocen los protocolos de actuación existentes y las referencias de la conducta que debe seguirse.

LA GEOGRAFÍA DEL SUICIDIO

Por lo que a la distribución geográfica del suicidio se refiere, resulta difícil dibujar un mapa razonado que explique por qué en países de perfiles similares puede existir una gran diferencia estadística en este punto. Se sabe que es más probable que se aprecien aumentos del número de suicidios en situaciones de crisis sociopolítica, cuando se vive una recesión económica y cuando las cifras de desempleo son elevadas. También afectan variables de la geografía humana, como el número de personas que viven solas y el porcentaje que tiene pareja, con una incidencia mayor entre los primeros. La cifra desciende entre los que practican la religión musulmana o la católica, y aumenta en las poblaciones de religiones orientales, entre los protestantes y los ateos, aunque sobre este último punto hay divergencia de opiniones y la afirmación que hizo Durkheim en 1888 de que los católicos se suicidan menos que los protestantes es rebatida en la actualidad, si es que en algún momento llegó a ser verdadera. El único factor significativo en este punto es la pertenencia activa o no a una comunidad religiosa, ya que esos vínculos, al igual que otros de la misma índole, reducen el aislamiento social.[24] Del mismo modo, y como tendencia general, los países de clima templado arrojan cifras más bajas que los de clima frío y, al menos en el hemisferio norte, los meses de abril, mayo y noviembre son los de mayor incidencia, coincidiendo los cambios estacionales con una mayor frecuencia en los trastornos del ánimo.

La tasa media de suicidios en el mundo es de 16 personas por cada 100.000, por lo que estar por encima o por debajo de esa cifra puede resultar un referente para catalogar si en un país el índice de suicidios es alto o no. La tasa de suicidios varía enormemente de un país a otro, pero la tendencia al alza o a la baja dentro de cada uno de ellos se produce de forma menos dinámica. Las cifras más altas del mundo se dan en Europa del Este, mientras que las más bajas se encuentran en América Latina, en los países musulmanes y en algunos países asiáticos. Según los últimos datos que en 2008 facilitaba la OMS, por cada 100.000 habitantes se suicidaron en Lituania 40 personas; en Rusia, 34, y en Hungría, 26. Por su parte, la media en Japón fue de 24 personas; en Estados Unidos, 11, y en España, con una proporción bastante baja con respecto a la media mundial, la tasa descendía hasta 8 personas por cada 100.000. Se ha observado que las cifras oscilan considerablemente según las fuentes, el nivel de implementa-

---

[24] Colin Pritchard, *Suicide. The Ultimate Rejection. A Psychosocial Study*, Filadelfia: Open University Press, 1995, p. 71.

ción estadístico en cada país e incluso el régimen político. El número de países que reportan estadísticas sobre el suicidio se va incrementando y los resultados van ganando fiabilidad; y si a mediados del siglo XX eran solo 21 los países que realizaban estos estudios, en la actualidad se manejan los datos de 105. La OMS recoge en sus estadísticas que el suicidio es casi inexistente en lugares como Irán o Jordania (con un 0,2 y 0 por 100.000, respectivamente), pero estos datos deben ser tomados con cautela, ya que muchos países musulmanes, al igual que sucedía con el antiguo régimen soviético, se niegan a reconocer la existencia de este problema. De hecho, los últimos datos disponibles de Irán datan de 1991, y los de Jordania, de 1979. La escritora Rosa Montero ofrece una explicación al respecto de la diferencia en estas estadísticas: «Los países del Este arrastran una historia de decadencia, de desmoronamiento y desintegración social, de exacerbación individualista y sueños rotos, mientras que los países más bajos en la lista, aun siendo algunos muy pobres y problemáticos, pertenecen a un ámbito social mucho más colectivo, más basado en el apiñamiento familiar y en la horda afectiva, en donde las personas se relacionan más estrechamente unas con otras».[25] También hay que señalar como factor importante que la mayoría de los países de África, la parte central de Sudamérica y algunos países asiáticos siguen sin reportar a la OMS sus datos de suicidio, por lo que esa apreciación puede estar distorsionada.

En Francia tienen lugar unos 12.000 suicidios al año, más que accidentes de tráfico, con una frecuencia de una víctima cada cincuenta minutos. En Estados Unidos se matan 30.000 personas cada año, más de ochenta personas diariamente, y casi medio millón lo intenta con resultados de gra-

---

25   Rosa Montero, «El suicida egoísta», *El País Semanal*, 24 de octubre de 2004, p. 134.

vedad suficiente como para requerir intervención médica urgente. Y una cifra más puede servir para otear por encima del maremágnum de la estadística y ayudar a transmitir la verdadera dimensión de esta tragedia sostenida: quinientas mujeres chinas se quitan la vida voluntariamente cada día. Quinientas mujeres cada día. Pocos dramas humanos alcanzan esa dimensión y ninguno pasa tan desapercibido como este.

Por otra parte, y en contra de una creencia generalizada, Suecia —con un índice de 13 suicidios anuales por cada 100.000 habitantes— no es de los países que tiene la tasa más alta, y está por debajo de la media mundial. Esta idea preconcebida de que los suecos son los que más se suicidan se debe a algo parecido a lo que ocurrió en la Inglaterra del siglo XVII con el fenómeno conocido como el *mal inglés*. El hecho de que la sociedad sueca abordara la cuestión abiertamente desde hace décadas hizo creer al resto del mundo que se trataba de un problema endógeno que golpeaba allí con mayor incidencia. Se levantó una construcción falsa en el imaginario colectivo de la que aún se defiende el gobierno sueco: «Este es un mito terco, sin base alguna en la realidad. La verdad es sencillamente que Suecia fue el primer país que comenzó a llevar estadísticas honestas sobre suicidios (un tema aún tabú en el mundo católico y en otras partes). En realidad, también en este campo solemos quedar en puestos bajos en comparaciones internacionales».[26]

En Japón, en cambio, los suicidios sí son un grave problema social. Cada año se superan los 30.000 casos, triplicando el número de víctimas de accidentes de tráfico. Y algo en el panorama sociocultural japonés provoca que la incidencia del suicidio continúe ascendiendo de manera notable. El total de este tipo de muertes entre los japoneses fue de 34.427 en 2003, lo que supuso un aumento del 7,1% con respecto al año

---

26 Página oficial del país: www.sweden.se.

anterior, alcanzando la peor cifra desde que en 1978 se iniciara esta estadística. Entre las causas que dan los expertos se cuentan el hecho de que en este país no se acostumbra a tomar antidepresivos y las carencias objetivas achacadas al sistema sanitario para tratar los problemas mentales. Se da la circunstancia, además, de que el suicidio ha estado considerado históricamente en este país como un acto especialmente heroico y honorable e, incluso, como algo bello. Una prueba de ello que se suele poner como ejemplo es la popularidad de *El cuento de los 47 Ronin*, que relata la historia de un grupo de samuráis que cometieron un suicidio ritual tras vengar la muerte de su señor, una leyenda cuyo eco resuena en la actitud de los más de 2.500 kamikazes de la II Guerra Mundial. Del total de suicidios de los últimos años, más del 20% fueron de menores de 19 años, muchos de ellos jóvenes japoneses calificados en su propio idioma como *hikikomori*, un término relacionado con la idea de aislamiento. Los *hikikomori* padecen un desorden mental provocado por las presiones del rígido sistema educativo y laboral japonés. Se calcula que hay alrededor de 1,2 millones, o lo que es igual, uno de cada diez hombres jóvenes padece esta afección en mayor o menor grado. Se trata de adolescentes y adultos jóvenes que se ven abrumados por la sociedad japonesa y que se sienten incapaces de cumplir los roles sociales que se les asignan, reaccionando a cambio con un aislamiento extremo. A menudo se refugian en casa y se encierran en una habitación durante meses o incluso años. La mayoría de ellos son varones, y muchos son también hijos primogénitos. Una de las preocupaciones principales de los adolescentes japoneses es su rendimiento académico, ya que a menudo se enfrentan a unas altísimas exigencias por parte de sus padres y de la sociedad en general. En ciertos casos, la presión comienza desde bebés, cuando a algunos lactantes se les somete a un examen de ingreso para entrar en una guardería cualificada, donde se les preparará para el futuro examen de ingreso en el mejor parvulario y así sucesivamente hasta la universidad. Otro foco de presión lo forman las burlas y los abusos de los compañeros de clase, por razones como el aspecto físico —especialmente la obesidad—, el rendimiento académico o deportivo, el poder adquisitivo, etc. El aislamiento suele comenzar de forma gradual, antes de que el *hikikomori* cierre con llave la puerta de su habitación. A menudo se encuentran tristes, pierden sus amigos, se vuelven inseguros, tímidos y hablan menos, pero llegado un punto los *hikikomori* reaccionan con un completo aislamiento social para evitar toda la presión exterior. Normalmente no tienen amigos y duermen a lo largo del día, para luego ver la televisión o jugar al ordenador durante la noche. Tener un *hikikomori* en la familia suele ser motivo de vergüenza, y muchos padres tardan tiempo en buscar una terapia psicológica. En un principio, la mayoría se limita a esperar a que el chico supere sus problemas y regrese a la sociedad por su propia voluntad. La falta de contacto y el aislamiento prolongado provocan una evidente pérdida de habilidades y de referentes sociales. A menudo tienen dificultad para distinguir el bien del mal, y el mundo de la televisión o los videojuegos se convierten en su único universo. Su miedo a la presión social puede traducirse en ira y conducir también a comportamientos violentos o delictivos.

Este fenómeno tan claramente identificado en la sociedad japonesa no es ajeno al resto de los países industrializados. La nitidez de este retrato proyecta sus reflejos en otras zonas del mundo, donde muchos otros jóvenes se identifican con esas situaciones. Los datos del centro universitario sueco de medicina Karolinska Institute indican, por ejemplo, que el riesgo de suicidio para un joven de veinte años aumentó un 260% entre 1952 y 1982. Solo cabe esperar que la radicalidad de esta patología social no sea un requisito inevitable del hiperdesarrollo japonés, tan ansiado por el resto del mundo. De lo que no cabe duda es de que el aumento mundial de la tasa de suicidio revela que continúan apareciendo nuevos focos de sufrimiento psíquico y generándose formas crecientes de rechazo y marginación personal, asociadas a los tiempos que nos ha tocado vivir que urge identificar y combatir. Ese crecimiento generalizado se podría entender como un balance que indica el grado de integración de la población en el mundo en que vivimos, un lugar en el que parece claro que la cuota de sufrimiento es cada vez mayor. Quizás esta información sobre nuestro modo de vivir evidencie un fracaso demasiado estrepitoso como para poder asumirlo y ahí radique en parte el estigma social del suicidio. Asimismo, es muy posible que los grados de felicidad y satisfacción globales también hayan aumentado de manera proporcional en ese mismo periodo, pero de lo que no cabe duda es de que hay un número sobrecogedor de seres humanos que necesitan atención y ayuda, inmersos en un alto grado de sufrimiento psíquico para el que no encuentran consuelo.

Suicidio y salud política

Tanto el suicida potencial como el suicida de facto suponen una amenaza para la estructura de la sociedad en su integridad, porque contribuyen a extender la duda sobre el valor de la existencia, el sentimiento de ansiedad ante la vida y la posibilidad de rebelión individual contra el ya de por sí frágil cuerpo social. La mera idea del suicidio es una acusación indirecta al poder político y, en su caso, también religioso. Es una evidencia de la ineficacia del poder a la hora de proteger, hacer justicia y proporcionar una vida satisfactoria a la población. Los suicidas desatan el remordimiento y perturban la conciencia de una sociedad incapaz de asegurar la felicidad de sus miembros o, cuando menos, ofrecer el consuelo necesario que demandan los infelices. Si bien en la intención del suicidio se pueden conjugar el sacrificio y la renuncia, también el desprecio, la agresión y el rechazo forman parte de su imaginario. El suicidio es, en gran medida, una acusación dirigida a toda la sociedad, porque los que se quitan la vida prefieren la nada o la condena eterna antes que vivir una vida que para ellos ya es un infierno. El suicidio es un reproche, incluso un insulto indirecto contra quienes siguen viviendo y, en particular, contra quienes asumen la responsabilidad de asegurar el bienestar de la colectividad.[27]

Son muchas las variables que, como se va viendo, favorecen un comportamiento suicida: el quebrantamiento de la salud psicológica o física, la soledad, la ruina, el desamparo, la disolución familiar o la pérdida de vínculos. Pero, además, en el suicidio aparece una segunda intención menos evidente que la motivación individual, pero igual de determinante; en el acto de quitarse la vida se puede leer también un mensaje social, que es un rechazo directo al mundo en que vivimos: «Cuando se analizan los motivos de la gente que ha intentado suicidarse, normalmente se descubre un deseo de castigar al mundo que es más fuerte que el deseo de destruirse a sí mismos. Es el mundo de cada uno y la vida de cada uno en ese mundo lo que se ha convertido en intolerable y lo que se ansía no es tanto la aniquilación personal como el cambio existencial».[28] El proverbial *adiós, mundo cruel* es en realidad una sentencia de muerte al otro, a la dureza insoportable con la que el suicida percibe su entorno, solo que la ejecución se realiza del lado que queda de su mano. Es el suicidio como intento de *omnicidio*, como voluntad de acabar con todo.

---

[27] Georges Minois, *History of Suicide. Voluntary Death in Western Culture*, Baltimore y Londres: Johns Hopkins University Press, 1999, p. 115.
[28] Anthony Stevens, *The Roots of War and Terror*, Londres: Continuum, 2004, pp. 232-233.

El contexto sociopolítico de un país es, en consecuencia, otro de los factores que claramente inciden en las tasas de suicidio de la población que lo habita. Las oscilaciones de esas cifras pueden considerarse indicadores fiables del aumento o descenso del grado de bienestar absoluto que se disfruta en cada tiempo y lugar. Más allá de las condiciones de vida personales de cada uno de nosotros, al margen de las aristas del desarrollo emocional y personal de cada ciudadano, la situación social, política y económica de un territorio y una época determinados incidirán en el número de personas que se vean arrastradas a la opción dramática del suicidio. Las situaciones de crisis política afectan de manera significativa a la estadística general de un país. Un ejemplo claro de esta incidencia se refleja en la evolución experimentada en las últimas décadas por los países que pertenecieron al bloque comunista. Entre los años ochenta y noventa, la tasa de suicidios aumentó de forma considerable en numerosos países del Este. En concreto, en Rusia se constató un aumento del 55% entre los suicidas jóvenes durante ese periodo. La transición de estos países se convirtió en una verdadera sangría, aunque ya desde antes de la caída del Muro la disconformidad política y el malestar social situaba a muchos de estos países a la cabeza de esta siniestra tabla. Rusia, las repúblicas bálticas, Hungría y la RDA arrojaban altas tasas de alcoholismo, depresión y muerte voluntaria.

Cuando un país presenta su cuenta emocional de resultados, el porcentaje de suicidios es un indicador tremendamente revelador del grado de felicidad o infelicidad que experimentan sus habitantes. Esta conexión se pone claramente de manifiesto en la película alemana *Das Leben der Anderen* (*La vida de los otros*) —dirigida por Florian Henckel von Donnersmarck y ganadora del Oscar a la Mejor Película Extranjera en 2007—, cuya trama gira en torno a un informe sobre las tasas de suicidio en la desaparecida República Democrática de Alemania de los años ochenta. La acción se desarrolla a partir de un artículo que el protagonista escribe sobre la cuestión para una revista extranjera partiendo de una tesis subversiva: mientras que la RDA publica estadísticas detalladas sobre casi cualquier materia, las relativas a los suicidios llevan varios años sin publicarse, probablemente porque son embarazosamente altas. A partir de ese acto de rebeldía política, la historia de esta recomendable película evoluciona hacia conflictos personales no menos trágicos.

Colin Pritchard, autor del libro *Suicide. The Ultimate Rejection* (*Suicidio. El rechazo final*), expone que el tratamiento opaco con el que los gobiernos manejan el suicidio tiene que ver con la imagen que de su propia gestión reflejan las cifras. Y recuerda cómo a Margaret Thatcher, cuando era primera ministra, le disgustó una investigación en la que se demostraba una relación directa entre el aumento del paro y el índice de suicidios. La implicación de lo político en la esfera privada, en el ámbito más íntimo del ciudadano, queda de manifiesto también en la forma en que, en las tablas de estadística, se acumulan países con un bagaje histórico semejante. Las ex repúblicas soviéticas encabezan actualmente esta clasificación, como resultado, entre otras causas, de una profunda transformación político-social que ha generado un aumento del desarraigo y una disminución del sentido de pertenenci, lo que se suma a la prevalencia del alcoholismo en esos países. Lo sorprendente es que, entre los puestos más altos de este listado, se encuentren realidades tan alejadas como Sri Lanka o Finlandia; y es que las variables de esta ecuación son extremadamente complejas, abarcando desde lo político y económico hasta otros factores tan diversos como las estructuras familiares y sociales, la tradición cultural, o incluso factores climáticos, como la escasez de luz solar. Por esta complejidad, los países más prósperos y de más larga tradición democrática no tienen en absoluto el antídoto contra la depresión y el deseo de la propia muerte. Entre los países con las tasas más altas de suicidio se encuentran potencias económicas como Japón, Finlandia, Suiza, Austria o Francia, junto con otros lugares mucho más desfavorecidos, como Cuba. La evolución de la tasa de suicidio en los últimos cuarenta años en Cuba también permite reflexionar sobre la influencia de la política en esta cuestión. La tasa de suicidios cubana es actualmente la más alta de toda Latinoamérica, y ha experimentado un enorme incremento desde los años sesenta hasta ahora, pasando de 10,2 casos de suicidio por cada 100.000 habitantes en 1963 a los 18,5 actuales. Esta cifra es muy superior al resto de los países latinoamericanos, que tienen un índice medio inferior al 6,5, y a los indicadores de Estados Unidos y Canadá, que manejan cifras que no sobrepasan el 13. Es más que probable que la razón estribe en la diferente realidad política de Cuba con respecto al resto de Latinoamérica.

El hecho de que el 40% de los veteranos argentinos de la Guerra de las Malvinas intentaran suicidarse en los veinticinco años que siguieron al conflicto indica cómo una experiencia personal ligada a la vida política puede actuar también como desencadenante del deseo de muerte. Esta cifra se eleva al 65,2% si se considera el porcentaje de ex combatientes que pensó, en alguna ocasión, que sería mejor estar muerto. Los datos sobre las repercusiones de este conflicto indican asimismo una elevada incidencia de la adicción al alcohol. Esta guerra dejó a buena parte de los soldados argentinos abandonados y condenados al desamparo psicológico, hasta el punto de que los suicidios de ex combatientes han superado a los muertos en batalla. Frente a los 326 argentinos que murieron en el enfrentamiento armado, los ex combatientes del país suramericano que se han quitado la vida suman ya más de 350, según las asociaciones de veteranos. El periodista y también ex combatiente Marcelo Rosasco considera que «forma parte de una sociedad que se olvida igualmente de los jubilados, de los maestros y de los desaparecidos y sus familiares». La película argentina *Iluminados por el fuego* (Tristán Bauer, 2005) ilustra el proceso de degradación emocional que vivieron los protagonistas de aquella derrota y reincide en la idea de que el contexto político también es una variable que influye en ese balance emocional de cada país que es la tasa de suicidios.

Minois recoge en sus investigaciones que estudios sociológicos recientes demuestran que la tasa de suicidio había permanecido estable en todos los tipos de sociedad y a lo largo de los siglos hasta llegar al siglo XX, aunque siempre hubo excepciones y también se producían altibajos circunstanciales. Históricamente, las cifras decaían en tiempos de guerra, periodos durante los que la cohesión del grupo se refuerza y el sentido de solidaridad, los sentimientos compartidos y la búsqueda común de la victoria solían dar un sentido a la vida y se potenciaba el valor de la existencia. En épocas de crisis económica, en cambio, las tasas de suicidio se suelen ver incrementadas, porque a las circunstancias personales de cada uno se suma un endurecimiento generalizado de las condiciones de vida. Y siempre existieron también factores externos agravantes que han disparado la frecuencia del suicidio, como sucedía en la Europa de la Edad Moderna cuando se alargaban los periodos de malas cosechas o cuando se padecían epidemias de peste. El miedo, la desesperación y la certeza del contagio trastornaban voluntades y empujaban a muchos a poner fin a sus días. Este fenómeno fue advertido, por ejemplo, durante una epidemia en Málaga a mediados del siglo XVII, donde un médico informaba de «horrores sin precedentes» que habían tenido lugar a consecuencia de la inminencia de la muerte: «Hubo una mujer que se enterró viva para evitar ser devorada por los animales, y un hombre, tras enterrar a su hija, se fabricó su propio ataúd y murió a su lado».[29]

---

29 Michel Devêze, *L'Espagne de Philippe IV (1621-1665): Siècle d'or et de misère*, 2 vols., París: SEDES, 1970, p. 318, vol. II.

Los valores sociales que promueve cada época contribuyen a la construcción de las prioridades vitales de los individuos. Y cuando a esa escala de valores le faltan cimientos, el riesgo de desplome es mayor. Ahora ya no son la guerra o la peste los desencadenantes de los principales miedos colectivos ni la mayor fuente de angustia social. Un texto de 1855, aún vigente, que llevaba como título *Sobre la influencia de la civilización sobre el suicidio*, señalaba algunos puntos críticos que, en opinión de su autor, influían en las tendencias suicidas de la sociedad de su tiempo: «La creencia general de que todo se puede conseguir fácilmente y los crueles desengaños que esto conlleva, la exageración de la doctrina del interés material, los desastres indisociables de la competencia desbocada, las excitaciones frenéticas del lujo, la conciencia de privación, más profundamente sentida a causa de la marcha de la mente, el debilitamiento del sentimiento religioso, el predominio de la duda y de las ideas materialistas, las conmociones políticas y sus consiguientes ruinas».[30] Este discurso identifica debilidades y distorsiones plenamente aplicables a nuestro modo de vida, después de haber sido descritas hace más de siglo y medio.

Suicidio colectivo

El componente político del suicidio se identifica con claridad tanto en los casos de suicidio ideológico como en el desarmante suicidio colectivo. Concebir la idea de un grupo de personas que se quita la vida de forma simultánea y por una única razón compartida demanda un estado mental que, afortunadamente, pocos pueden siquiera llegar a imaginar.

---

30   Alexandre-Jacques-François Brière de Boismont, «De l'influence de la civilisation sur le suicide», *Annales d'hygiène*, 1855.

Ese acto de autoviolencia simultánea no es solo producto de la postmodernidad tecnológica, de siniestras citas virtuales o de sectas enajenadas por un gurú. En la Antigüedad ya se dieron casos y la Biblia recoge, junto a la serie de suicidios individuales que nunca condenó, también dos episodios *heroicos* de suicidio colectivo, uno de cuarenta personas en un subterráneo de Jerusalén y otro en la famosa fortaleza sitiada de Masada, un hecho histórico estremecedor protagonizado por los llamados zelotes. El término *zelote* proviene del griego y significa «celante» o «celoso», en el sentido en el que se aplicaba a Jehová, que es llamado *Dios celoso* por no admitir otro culto simultáneo. En el año 6 d. C., los romanos depusieron al rey judío, se hicieron con el poder de Judea y organizaron un nuevo censo de la población para poder recaudar mejor los impuestos. Muchos judíos se pusieron furiosos ante la política de dominio de Roma y un grupo de ellos comenzó una resistencia más radical, porque aceptar la sumisión al emperador y pagarle impuestos iba contra la Ley de Dios. Los romanos los consideraban bandidos, pero el pueblo los respetaba y los llamaba *celosos* o *zelotes*. Este grupo de guerrilleros nacionalistas se erigió como paladín de la ortodoxia judía y del integrismo, e intentó levantar al pueblo contra el ocupante extranjero. Los zelotes operaban al margen de las autoridades y del resto de la sociedad judía y se organizaban en facciones como un partido político, con sus líderes y afiliados. Entre ellos se contaba un grupo terrorista denominado los *sicarios* —también del griego, los «portadores de dagas»—, que asesinaban a líderes romanos y a judíos desleales con sus emblemáticos cuchillos. Como en el caso de los modernos terroristas, sus acciones también se dirigieron contra ciudadanos de a pie y se perpetraban en lugares públicos. Los sicarios eran guerreros urbanos, una banda de nacionalistas violentos dispuestos a morir y a matar por defender su tierra de los invasores. Ante un constante asedio extranjero que duraba ya décadas, tres años después de la destrucción de Jerusalén —que tuvo lugar en el año 70 d. C.—, 960 judíos zelotes (390 según otras fuentes) de la inaccesible ciudad de Masada que habían resistido a la ocupación prefirieron matarse antes que rendirse al poder de Roma. Flavio Josefo, historiador judío y uno de los jefes de la rebelión contra Roma, fue testigo de aquellos hechos y escribió sobre lo que ocurrió en la fortaleza situada sobre una escarpada meseta. Según su relato, a cuatrocientos metros sobre el nivel del suelo, aquellos judíos zelotes desafiaron durante cuatro largos años el asedio de las mejores legiones romanas. El Imperio latino no había podido barrer aquel último escollo israelita, pero conscientes de que jamás podrían salir airosos decidieron inmolarse privando a Roma de una victoria. Cuando la Décima Legión entró en Masada tan solo encontró los cadáveres de hombres, mujeres y niños. Un fragmento de cerámica encontrado entre las ruinas de la antigua fortaleza lleva el nombre de Ben Yair, su caudillo. Se trata posiblemente de una de las piezas que utilizaron los defensores para echar a suertes qué diez hombres debían matar a todos los demás, mientras el último superviviente debía acabar con su propia vida.

Este tipo de suicidio comunitario se había conocido en otras poblaciones, como Numancia, donde en el año 133 a. C., cercados por Escipión Emiliano, se mataron todos los habitantes antes que entregarse a los romanos. Un siglo antes, Sagunto, en el 219 a. C., también prefirió la muerte autoinfligida a la alternativa de caer en manos de Aníbal. Este tipo de muerte grupal puede tener una explicación más o menos comprensible, ya que los prisioneros de los romanos eran, indefectiblemente, convertidos en esclavos, dejaban de ser personas para convertirse en *res*, en objetos susceptibles de ser poseídos y tratados como tales. Para una comunidad de ciudadanos que hubiera vivido libre o de acuerdo a sus propias sumisiones, la alternativa de la esclavitud o la inmolación en los espectáculos del circo colocaba el suicidio en el listado de opciones considerables.

El estado mental de enajenación colectiva que debe alcanzar un grupo para llegar a tal extremo resulta mucho más difícil de entender en los casos de fanatismo religioso o de pertenencia a una secta. Hay que hacer un gran esfuerzo para aproximarse a imaginar el grado de aislamiento, irracionalidad y entrega a los dictados de un iluminado necesarios para llevar a un grupo, de manera simultánea, a una situación tan irremediable. Se debe producir un ataque de histeria contagiosa —un fenómeno tan aterrador como el que relata José Saramago en su *Ensayo sobre la ceguera*—, un estado febril de resignación e inmolación colectiva. Y, por complicado que sea de explicar, en nuestra memoria persiste un variado registro de ejemplos desoladores que provocan un sentimiento simultáneo de compasión y desconcierto. El acontecimiento más dramático sigue siendo el de los suicidas de Guyana que tuvo lugar en 1978. Aquel año, una comunidad de más de 900 personas pertenecientes a la secta Templo del Pueblo, liderada por el pastor norteamericano Jim Jones, se envenenó con cianuro hasta morir sin dejar ninguna explicación al resto del perplejo mundo. (Paradójicamente, el año anterior, Jones se había manifestado en San Francisco a favor de la construcción de barreras antisuicidas en el Golden Gate.) En Waco (Texas) murieron otras 86 personas carbonizadas junto al líder religioso David Koresh en 1993. Al año siguiente, el médico belga Luc Louret llevó a la muerte a 53 de sus seguidores pertenecientes a la secta conocida como Orden del Templo Solar. Pero las características de la secta californiana The Heaven's Gate la dotaban de una significación especialmente inquietante por sus absurdas connotaciones tecnológicas. Se trataba de una secta bien informada, conectada a la red, que era el medio por el que se captaba a los posibles componentes. Los afiliados que decidían ingresar en ella se rapaban el pelo, se aislaban del resto del mundo físico y se comunicaban solo a través de los circuitos informáticos. Un siniestro e ininteligible afán purificador llevó a 18 de sus miembros masculinos hasta la castración y, a otros, incluso más allá. En marzo de 1997, 39 de ellos se quitaron la vida al paso del cometa Hale-Bopp, tras el cual, pensaban, se hallaba camuflada una nave espacial que les transportaría a una existencia mejor, una vez que se deshicieran de sus *contenedores*, sus cuerpos.

Este nuevo modelo de suicidio grupal asociado a la tecnología, este tipo de comunión mortal a través de la red, debe entenderse como una manera de sentirse acompañado en la muerte como no se ha sentido en la vida. En noviembre de 2004, los medios de comunicación occidentales recogían la noticia de seis japoneses que se habían puesto de acuerdo para suicidarse simultáneamente en dos provincias separadas por cientos de kilómetros: Fukuoka, en el extremo suroeste del país, e Hyogo, en el sur. Según la policía, la cita se había acordado a través de Internet, en una especie de *pacto de muerte*. En ambas provincias, los jóvenes se encerraron en un coche y murieron al respirar monóxido de carbono producido por braseros de carbón. Las ventanas de los vehículos se encontraban cerradas y selladas desde el interior, sin dejar resquicio alguno para la entrada de aire limpio. Junto a los hornillos, los policías encontraron varios mensajes manuscritos en los que los jóvenes confirmaban su intención de suicidarse. Un mes antes, nueve jóvenes habían hecho lo mismo en dos sucesos independientes pero con la misma pauta. En dos años, más de medio centenar de jóvenes japoneses habían acabado con su vida simultáneamente, tras conocerse por Internet un método que parece que contribuye a reunir el ánimo suficiente para acudir a la cita mortal. Y los casos de *pacto de muerte* han continuado produciéndose, para desconcierto de los lectores de la prensa occidental, que recibíamos esas noticias como rarezas propias de una cultura ajena y extravagante. Hasta que también en España se interceptó un intento de suicidio grupal acordado por Internet que debía celebrarse en una casa rural de un pequeño pueblo de Zamora. La policía detuvo en marzo de 2005 a un gijonés y dos madrileños preparados para morir después de que dos periodistas, que se habían infiltrado en el foro en el que se había gestado tan macabro plan, dieran la voz de alerta.

La noticia del suicidio inducido a través de Internet volvió a irrumpir en los medios de comunicación a principios de 2008 para conmoción general. En la localidad galesa de Bridgend, 17 jóvenes habían acabado con sus vidas en poco más de un año. No se trataba esta vez de un pacto de suicidio simultáneo, sino de un fenómeno más complejo de suicidios encadenados, relacionados, según algunos, con la creación de páginas web en las que se tributaba recuerdo y se rendía homenaje a las víctimas. La policía investigó la aparición de una página web póstuma a las pocas horas de que una de las víctimas, Natasha Randall, de 17 años, apareciera muerta. Seis días más tarde, la página había sido visitada por 3.000 personas. La mayoría de los mensajes exaltaban la valentía de la joven al consumar su suicidio. Se piensa que esa posibilidad de glorificación post mórtem, ese proceso de pasar de ser anónimo a convertirse en noticia de la prensa internacional, pudo funcionar como aliciente de la conducta suicida. El deseo de alcanzar una cierta notoriedad mediática —aun a costa de sus propias vidas— en la comunidad real y en la virtual de los foros de Internet pudo actuar como mecanismo desencadenante. Se señalaba como motivación de la muerte la búsqueda del alud de manifestaciones de cariño que tuvo lugar tras cada muerte, algo que en vida no suele llegar tan abrumadoramente. La policía y algunos psicólogos apuntaban que los adolescentes pudieron encontrar irresistible tener una página web en su memoria, como una forma de ganar de forma póstuma la popularidad o la aceptación que no se había tenido en vida. Es ese deseo de ser una estrella lo que alarmó a los psicólogos —y lo que fascinó a los medios de comunicación—, que temían que la glorificación del suicidio juvenil pudiera animar a otros a hacer lo mismo. La falta de comunicación en el mundo físico, reemplazada por una frecuencia de contactos virtuales, como única forma de comunicar sus pesares, frustraciones y temores, pudo sumarse a un peligroso cóctel en el que se unían depresión adolescente, la presión del entorno y el deseo de los jóvenes de ser aprobados socialmente. Pero el gancho mediático de la noticia era evidente. El eco que nos quedó tras conocerla fue que el suicidio adolescente aumenta a causa de unas nuevas tecnologías satánicas que abducen a nuestros jóvenes y contra las que es imposible luchar. No se habló de los procesos de identificación entre los jóvenes, de la posible falta de atención paterna, de niños que crecen desatendidos por culpa de horarios que hacen incompatible el trabajo con la vida familiar. No se mencionó la transmisión de valores que reciben las nuevas generaciones, más preocupadas por el éxito fulminante o la tiranía de la estética que por la forma de conseguirlos. Se presentó el suicidio como una frivolidad de moda y no se atendieron las causas de fondo que llevan a la depresión, a la ansiedad permanente o al rechazo visceral a vivir. Y la prensa continuó ignorando a las decenas de miles de adolescentes que se suicidan cada año en el mundo y que no tienen página en Internet. Si ya nos resulta difícil entender el entramado de razones y sinrazones que pueden llevar a una persona al abismo de la muerte voluntaria, mucho más complicado es intentar comprender esta visión del suicidio compartido y su tratamiento mediático, que llega a frivolizar la muerte y a contemplarla como una forma absurda de conseguir una biografía menos ordinaria.

Homofobia mortal

Un sector de la población particularmente expuesto al suicidio ha sido siempre el integrado por las personas de orientación homosexual. La vinculación de esta tendencia con tasas de suicidio más altas que las de la población heterosexual ha sido señalada de manera reiterada en numerosos estudios. Una resolución del Consejo de Europa —aprobada por unanimidad en abril de 2008— alertaba sobre las elevadas cifras de suicidio juvenil y señalaba que uno de los puntos clave de esta situación es la condena de la discriminación de la diferencia, ya sea política, económica, social, cultural, sexual o física. En especial, el informe se comprometía a combatir el racismo, la homofobia y el estigma asociado a todas las conductas sexuales, incluida la transexualidad.[31] La Asamblea Parlamentaria se mostraba particularmente preocupada por unas tasas de suicidio significativamente más altas entre jóvenes lesbianas, gays, bisexuales y transexuales, en comparación con la población juvenil en general. Y se afirmaba que este aumento del riesgo no proviene de la orientación sexual o de la identidad de género, sino de la estigmatización, marginación y discriminación que estos grupos padecen por ello, lo que lo convierte en una cuestión de derechos humanos.

La percepción social de la homosexualidad como una conducta reprobable acumula un larguísimo expediente, y las consecuencias del rechazo y la persecución llevan siglos provocando víctimas mortales. Un episodio histórico puede ayudar a entender la profundidad de estos sentimientos. En la Francia del siglo XVIII, el día de Nochebuena de 1773, dos jó-

---

[31] *Child and teenage suicide in Europe: A serious public-health issue*, Resolución 1608 (2008), Debate de la Asamblea Parlamentaria del 16 de abril de 2008 (Sesión 15). Véase Doc. 11.547, informe del Comité para Asuntos Sociales, Sanitarios y de Familia. Informante: Bernard Marquet.

venes militares, un oficial de veinticuatro años que se llamaba Humaine y un soldado de caballería de nombre Bourdeaux, alquilaron una habitación en la posada L'Epée Royale, junto a la basílica de Saint-Denis, a unos doce kilómetros de París, el lugar donde se enterraba a los reyes de Francia. Los dos llegaron juntos en el coche de posta desde París, sin una razón conocida para su viaje. Eran sin duda una pareja homosexual, como se recoge en anotaciones de registros policiales de la época. Aquella Nochebuena, los soldados pidieron la cena y se fueron a su habitación. Durante la mañana de Navidad pasearon por la ciudad, a mediodía pidieron que les llevaran a su habitación un *brioche*, una botella de vino y unas hojas de papel en blanco. Bourdeaux, el cerebro de la operación, escribió dos largas notas explicativas, tras lo cual sacaron sus pistolas y, sentados a la mesa, cada uno se disparó un tiro en la boca. Sobre la mesa quedó un testamento conjunto y una carta de Bourdeaux al teniente de su regimiento, en la que expresaba su malestar ante la vida: «Cuando estás cansado de todo debes renunciar a todo [...]. Estoy a punto de deshacerme de la licencia para existir que he poseído durante casi veinte años y que me ha pesado desde hace quince». En el testamento que firmaron los dos manifestaban que «el hastío de la vida es nuestro único motivo para abandonarla» y, más contundentemente aún, que «estamos asqueados del ambiente reinante». Tras estas afirmaciones, disponían de sus bienes y dejaban sus cuerpos en manos de los «señores de la justicia», asegurando que «los despreciamos demasiado para preocuparnos de su destino».[32] El suceso causó un gran revuelo, que se manifestó más en términos de estupor que de condena. Los periódicos se ocuparon ampliamente del caso y hasta filósofos como Voltaire lo trataron en su correspondencia. Pero el tabú sobre las relaciones entre personas del

---

32   Minois, *op. cit.*, p. 260.

mismo sexo y el grado de homofobia eran tales en la Europa del siglo XVIII que un suceso de tal naturaleza se convertía en algo innombrable. Como ellos mismos se temían, sus cuerpos fueron arrastrados por las calles, atravesados con una estaca y ahorcados, para luego ser quemados y sus cenizas arrojadas a un vertedero.

Otros personajes históricos en cuyas biografías se entrelazan tendencias suicidas y homosexualidad son Federico el Grande, Tchaikovsky y Gogol, entre otros. Federico II (1712-1786) fue rey de Prusia, a la vez que un hombre inquieto y de espíritu rebelde. A los 18 años, el joven Federico intentó fugarse a Londres con el teniente Hans Hermann von Katte, ocho años mayor que él, del que se cree que estaba enamorado. Sus planes fueron interceptados por su padre Federico Guillermo, conocido como el Rey Sargento. Federico fue obligado a presenciar la decapitación de su amante, depuesto transitoriamente de su título de príncipe heredero y enviado a prisión. A pesar de su larga y próspera trayectoria como hombre de Estado y protector de las artes, en repetidas ocasiones manifestó su intención de suicidarse, llegando a decir que «el mejor día de la vida es el día en que uno la abandona». En el caso de Tchaikovsky, muchas biografías recogen que murió tras beber un vaso de agua infectada de cólera. Pero una versión no oficial bastante extendida revela que el compositor fue obligado a suicidarse con arsénico por ser homosexual. Según esta otra versión, Tchaikovsky habría sido convocado a una reunión de sus antiguos compañeros de la Escuela de Leyes de San Petersburgo, en la que fue acusado de mantener relaciones con el sobrino de un aristócrata y condenado por un tribunal de honor a suicidarse si no quería que la cuestión se hiciera pública. El también ruso Nikolai Gogol, padre de la novela rusa moderna, murió en 1852 tras confesar su orientación sexual a un sacerdote, el padre Matvey Konstantinovsky. El religioso le ordenó una rigurosa abstinencia de sueño y alimentos como única forma de purgar su «pecado y su basura interna». Poco después falleció de inanición a la edad de 42 años.

Lo sorprendente es que estas historias, que resuenan a un pasado intolerante, represivo y macabro, continúen de plena actualidad. Según un informe publicado por la Asociación Internacional de Lesbianas, Gays y Transexuales (ILGA), que agrupa 670 organizaciones de un centenar de países, hay 86 estados miembros de la ONU que aún castigan las relaciones entre personas del mismo sexo. En siete de ellos, ser gay o lesbiana puede costar incluso la vida en pleno siglo XXI.[33] Solo cinco países en el mundo, entre los que se cuenta España, conceden todos los derechos a los homosexuales, lo cual tampoco quiere decir que en ellos haya desaparecido la homofobia.

Aunque las cifras exactas de una cuestión tan íntima son difíciles de conocer, diversos estudios concluyen que el grupo de población de gays y lesbianas intenta suicidarse con una frecuencia entre dos y siete veces mayor que los heterosexuales. Estudios epidemiológicos de Estados Unidos y Nueva Zelanda revelan que los hombres homosexuales y bisexuales presentan hasta cuatro veces más riesgo de tener un intento de suicidio serio, y que esos intentos suelen ser más graves que los que se dan entre los hombres heterosexuales.[34] Otros estudios niegan estas cifras a base de poca estadística y de mucha convicción. Pero es un hecho claro que los gays que habitan entornos homófobos están expuestos a una presión psíquica que aumenta su tendencia a la depresión y que

---

[33] Daniel Ottosson, *State-sponsored Homophobia. A world survey of laws prohibiting same sex activity between consenting adults*, International Lesbian and Gay Association, publicado en mayo de 2008.

[34] Anthony D'Augelli y S. Hershberger, «Lesbian, Gay and Bisexual Youth in Community Setting: Personal Challenges and Mental Health Problems», *American Journal of Community Psychology*, n.º 21, 1993, pp. 421-448.

es capaz de despertar pensamientos suicidas, una realidad que al resto de la sociedad le cuesta reconocer por simple culpabilidad. Eric Rofes, autor de un libro sobre el suicidio entre lesbianas y gays titulado *Yo creía que la gente así se suicidaba* —frase atribuida al rey inglés Jorge V, abuelo de la actual reina de Inglaterra—, denuncia en esta obra cómo antes del desarrollo del movimiento gay la identificación pública como homosexual estaba, por definición, vinculada con «el escándalo, el ostracismo social, el chantaje y el suicidio».[35] La hostilidad social hacia las tendencias sexuales minoritarias han generado históricamente un sentimiento de marginación que, si bien en muchos países está experimentando una evolución hacia lo razonable, aún está muy lejos de evitar el sufrimiento de gays, lesbianas y transexuales por prejuicios sociales. Como en todos los casos de marginación, disminuir el sufrimiento de unos depende de la madurez del resto.

Los factores que se conjugan como variables en el suicidio son, como se ha visto, de muy diversa índole, tanto desde el ámbito colectivo como individual. Pero la mayoría de ellos se puede amortiguar, en gran medida, con el enfoque social correcto y la terapia psicológica adecuada. El primer paso para encarar este problema pasa, necesariamente, por reconocer su existencia y el alcance de sus consecuencias. Y, como se verá en el siguiente capítulo, aún son muchas las resistencias en ese aspecto.

---

[35] Eric Rofes, «*I Thought People Like That Killed Themselves*»: *Lesbians, Gay Men and Suicide*, San Francisco: Grey Fox Press, 1983, p. 25.

Capítulo III

Un pacto de silencio

Tras siglos de condena civil —que se sumaban a la inamovible condena religiosa—, los avances del pensamiento y la ciencia a finales del siglo XIX hicieron vislumbrar una nueva concepción de la naturaleza humana y dieron acceso a un conocimiento más profundo de los conflictos que pueden arrastrar a la sima del suicidio. La psicología y la medicina levantaron la proscripción criminal y, aunque el estigma de la locura reemplazó al del delito, se apreció un cambio de posiciones con respecto a esta cuestión. La sociedad civil ya no dictaba un juicio moral tan implacable sobre la conducta del suicida: ahora pasaba a ser un enfermo mental; sin paliativos, pero sin consecuencias ignominiosas para el cadáver o el patrimonio familiar. En el largo proceso de más de un siglo que aún tardaría la despenalización del suicidio en Occidente, fue ganando terreno la posibilidad de concebir esa opción de muerte sin que el peso de la condena judicial y social ahogara para siempre la memoria del suicida y sus descendientes, al tiempo que aparecía en escena un nuevo fantasma.

De nuevo se le volvía a otorgar un tratamiento de conducta marginal y se imponía un código de silencio sobre la cuestión, pero esta vez con un fin supuestamente altruista y con un fundamento científico y racionalista. Las voces autorizadas para dictaminar al respecto fueron contundentes en su nuevo veredicto: el suicidio podría no ser un crimen ni un pecado, pero era una enfermedad y, peor aún, de naturaleza contagiosa. Durkheim, uno de los fundadores de la sociología moderna, no dejaba ningún resquicio de duda cuando afirmaba que ningún otro hecho es tan fácilmente transmitido por contagio como el suicidio. La consecuencia natural e inmediata ante esta clase de afirmación fue la de silenciar cualquier tipo de discurso público sobre el suicidio, tratar de ocultar los casos que se produjeran y dar la espalda a una realidad que convenía esquivar para no caer en riesgo de epidemia. Dada esta naturaleza contagiosa recién diagnosticada, lo lógico era intentar que la población no se expusiera a sus efectos. Y como controlar la voluntad de los suicidas resultaba imposible, la única posibilidad legítima era negar su existencia por el bien de la comunidad. En este caso, la nueva modalidad de proscripción venía de la mano de la ciencia en general y de la estadística en particular. Una vez que las leyes civiles habían levantado su puño de hierro, fueron las cifras de la nueva ciencia sociológica y los estudios de población los encargados de mantener el suicidio en la categoría de tabú.

El efecto Werther

El origen de la teoría del contagio data de antiguo. Ya antes de la República romana, en el siglo VI a. C., para combatir una supuesta epidemia, el último rey de Roma, Tarquino el Soberbio, ordenó crucificar los cadáveres de los suicidas. También Plutarco habla de este tipo de contagio entre las jóvenes de Mileto, que solo dejaron de ahorcarse cuando las autoridades tomaron la determinación de acabar con aquella mimetización exponiendo los cadáveres desnudos; únicamente así, a través de la vergüenza post mórtem, se pudo acabar con el fenómeno imitativo. Esta cualidad contagiosa atribuida al suicidio o su tendencia a manifestarse como una conducta agrupada en el tiempo o el espacio es también parcialmente responsable de las antiguas sanciones sobre este acto.

La percepción de la posibilidad de contagio, documentada por ciertos sucesos históricos más o menos verificados, no tomará forma de discurso académico hasta la pasada década de los setenta. Algunos investigadores habían observado que un caso de suicidio en un hospital psiquiátrico era susceptible de ser repetido por otros pacientes, y fue ese tipo de comportamiento, aplicado a la sociedad en general, lo que comenzó a investigar el sociólogo americano David Philips. Tras finalizar su estudio, a este fenómeno imitativo lo denominó *efecto Werther*.[1] Philips concluyó que no hay duda de que el suicidio se transmite por contagio y relató numerosos casos en los que un mismo lugar se había repetido como escenario de distintos suicidios provenientes de un entorno común. Su investigación determinaba que las cifras de suicidio aumentaban de forma significativa después de que la noticia de un suicidio concreto apareciera en la prensa y que el incremento era proporcional al nivel de cobertura que recibiera dicha historia. Desde entonces, se han sucedido numerosos estudios que corroboran esta tendencia, aunque también han aparecido críticos de esta teoría que cuestionan tanto el enfoque como las recomendaciones implícitas.

El síndrome identificado por Philips toma su nombre de la primera novela escrita por Goethe, a los 25 años. *Las penas del joven Werther*, considerada también la primera novela moderna de la literatura alemana, dio lugar en su día a un curioso fenómeno en Europa que evidenciaba que las tramas sociales que favorecen el suicidio son tan complejas como es-

---

[1] David P. Phillips, «The Influence of Suggestion on Suicide: Substantive and Theoretical Implications of the Werther effect», *American Sociological Review*, n.º 39, 1974, pp. 340-354.

quivas, superponiéndose a los diagnósticos individuales de afecciones psicológicas. *Werther*, como también se la conoce, es una obra corta escrita en forma de diario en la que se relata el sufrimiento del protagonista por haberse enamorado de una mujer casada, Charlotte. De contenido parcialmente autobiográfico —ya que el propio Goethe se había enamorado de la prometida de un amigo—, se trataría de otra historia más de amor frustrado si no fuera porque en la última parte el libro abandona el estilo de diario para describir gráficamente el suicidio de un enamorado sin consuelo. El éxito arrollador de *Werther* en Europa, tras su publicación en 1774, generó un fenómeno de mercado al que ahora estamos muy acostumbrados, pero que entonces resultó revolucionario. Fue traducido al francés al año siguiente de su publicación original y reeditado hasta en quince ocasiones en una década. Solo en lengua inglesa se hicieron siete traducciones antes de 1800.[2] En conjunto, la acogida europea fue tan clamorosa como, salvando las distancias y la escala, la que reciben en nuestros días las sagas cinematográficas legendarias o galácticas. Y a tan ardiente seguimiento se le dio en Alemania el nombre de *Wertherfieber*, o «fiebre wertheriana», para calificar así la moda generada por el desolado personaje. La historia del héroe se recreaba, se proseguía y se parodiaba en otras novelas, poemas y dramas teatrales; su indumentaria inspiraba tendencias de estilo y moda; generaba todo tipo de artículos de consumo, y entre sus numerosísimos fans se contaba el mismo Napoleón, que afirmaba haber llevado en su bolsillo un ejemplar durante la campaña de Egipto. Para el estándar de la época, la obra de Goethe generó un *merchandising* sin precedentes, que incluía hasta un perfume. El académico y traductor de la obra, Stuart Atkins, lo describía en 1949 de la siguiente manera: «El culto de

---

2   La primera edición en español hubo de esperar a 1803, casi treinta años después de su aparición, por hallarse incluida en el Índice de Libros Prohibidos.

Werther fue explotado por el comercio: se vendía *eau de Werther*, y las figuras de Charlotte y Werther [eran] tan familiares y ubicuas como lo son hoy —por 1949— el Ratón Mickey o el Pato Donald, aparecían en abanicos y guantes, en cajas de galletas y joyas, en la delicada porcelana de Meissen y en cerámica manufacturada por encargo».[3]

El problema es que la moda wertheriana no solo promovió la venta de tazas de café con la imagen del joven, sino que su impacto llegó mucho más lejos. La novela cuenta la historia de un joven inteligente y apenado que acaba pegándose un tiro. Goethe proponía una solución para el sufrimiento amoroso a través de la muerte que, extrapolando un poco, era también un remedio aplicable a otros padecimientos. Y los fieles seguidores del estilo wertheriano no solo imitaron su forma de vestir; a su éxito europeo se le achacó el haber impulsado al suicidio a jóvenes sensibles que identificaban la trama dramática con sus propias pasiones no correspondidas. Las evidencias que quedaban tras ellos no dejaban lugar a dudas. Desde la década de 1770, los suicidas al estilo Werther siguieron al pie de la letra la puesta en escena del malogrado héroe romántico. Antes de dar el paso final, vestían como él, esto es: con un frac azul de botones metálicos, chaleco amarillo, camisa abierta, pantalones blancos, botas altas marrones, sombrero redondo de fieltro y el pelo sin empolvar. Como el protagonista, se sentaban al escritorio, abrían un libro y se disparaban con una pistola. En 1777, un joven sueco de nombre Karsten se disparó con una pistola y apareció muerto junto a una copia de la obra; también una chica alemana de 18 años, Christiane von Lassberg, creyéndose abandonada por su amado, se ahogó en Weimar con la novela en el bolsillo de su vestido; un aprendiz de zapatero se

---

[3] Stuart Pratt Atkins, *The Testament of Werther in Poetry and Drama*, Cambridge: Harvard University Press, 1949.

tiró por la ventana con otro ejemplar de *Werther* en el chaleco; y en 1784 una joven inglesa se mató en su cama con el libro bajo su almohada. La obra de Goethe siguió inspirando suicidios hasta 1835, sesenta años después de su publicación, fecha en la que otro muchacho se quitó la vida en la universidad de Bonn, inspirado por *Werther*, hecho que llevó a su madre, la escritora Elise von Hohenhausen, a escribir su biografía, titulada *Carl von Hohenhausen, el crepúsculo de un joven de 18 años*.

La conmoción que buscaba el artista con su obra había surtido efecto, pero sus consecuencias habían llegado más lejos de lo que el autor hubiera deseado. La cuestión adquirió un grado tan alarmante que algunos gobiernos optaron por prohibir la circulación de *Werther* por considerarla una creación peligrosa. Las autoridades de Leipzig prohibieron su venta, las de Copenhague impidieron su publicación y en Milán se destruyeron todas las copias por miedo a que se produjese una oleada de suicidios imitadores. También la Iglesia luterana condenó la obra por considerarla, cuando menos, inmoral. Frente a los seguidores de *Werther* se alzaron los perseguidores de Goethe, que fue acusado, entre otros, por el pastor protestante Johan Melzior Goeze de relacionar un acto «infame» con algo heroico. Un profesor llamado Schlettwein le llamó «envenenador público» y el periódico *Mercure de France* escribió en 1804: «Goethe no tiene excusa, el objetivo de su libro es claramente inmoral».[4] A pesar de que solo había escrito una novela, no una apología del suicidio ni un discurso filosófico que los justificara, se vio obviamente afectado por los supuestos efectos de su obra. La situación le llevó a reflexionar sobre el papel del arte en la vida —o, en este caso, en la muerte— y sobre las trágicas con-

---

[4] Georges Minois, *History of Suicide. Voluntary Death in Western Culture*, Baltimore y Londres: Johns Hopkins University Press, 1999, p. 268.

secuencias que su obra estaba teniendo para sus seguidores: «Mis amigos pensaban que debían transformar la poesía en realidad, imitando una novela como esta en la vida real y, llegado el caso, dispararse un tiro; y lo que ocurrió en principio entre unos pocos sucedió luego entre el público en general».[5] Ante estos hechos, quiso incluir una advertencia en el encabezado del Libro Segundo de la edición de 1775, que acaba diciendo así: «Sé un hombre, dijo él, no sigas mi ejemplo».

Cualquiera que se sepa responsable de impulsar al suicidio a otra persona, aunque sea indirectamente, debe maldecirse a sí mismo. Aunque obviamente Goethe nada tenía que ver con las tragedias personales de los imitadores de su héroe, la cuestión es si tuvo la facultad de poner una idea —cargada como una pistola— en las cabezas de aquellos desgraciados. Es revelador al respecto reparar en que el propio Werther tiene abierto sobre su escritorio en el momento de su muerte otro libro de una heroína suicida, *Emilia Galotti*, de Gotthold E. Lessing.[6] Por otra parte, no cabe duda de que alguien que se encontrara sumido en una depresión, fuera por desamor o por un sentimiento de abandono existencial, era más probable que buscara leer un libro de suicidas que una comedia de Molière. La pregunta que se plantea es hasta qué punto una determinada lectura o una noticia sobre una muerte ajena son responsables de un estado de ánimo; o en qué medida las elecciones que realizamos en el momento de escoger nuestras formas de ocio, evasión o información están influenciadas por los sentimientos previos de una persona.

---

5 Phillips, *op. cit.*, p. 340.

6 En esta obra se relata el drama de una joven burguesa a la que un tiránico príncipe intenta atrapar en sus redes amorosas. Para ello, no dudará incluso en asesinar al novio de la joven. Emilia se acabará entregando al príncipe y después, escandalizada por propio su comportamiento, le pedirá a su padre un puñal para suicidarse. Finalmente será su padre quien la ejecute, pues no puede admitir que su hija se convierta en una suicida condenada.

El factor de contagio

En la historia reciente también se han documentado casos de suicidio imitativo que parecen no dejar duda de que en numerosas ocasiones se puede reconocer un componente contagioso. Un ejemplo ya clásico en la literatura sociológica sobre la cuestión es el de la isla de Ebeye, en el archipiélago de Micronesia, en el Pacífico Sur. El fenómeno del suicidio era virtualmente desconocido en aquella pequeña isla tropical. Entre 1955 y 1965 no se había registrado ni se recordaba ningún suicidio. Sin embargo, en 1967, el hijo de una de las familias más ricas de la isla se quitó la vida por verse envuelto en un triángulo amoroso con dos chicas de las cuales se declaraba enamorado por igual. Solo tres días más tarde, otro joven de 22 años con problemas de relación similares hizo lo mismo. Durante la década siguiente, entre los 6.000 habitantes de la isla se contabilizaron veinte suicidios más, y Micronesia pasó de tener uno de los índices más bajos del planeta a colocarse a la cabeza de las tasas de suicidio.

Otro caso en el que se evidencia, si no un incremento de la frecuencia del suicidio, sí un claro modelo de imitación del método, es el que tuvo lugar en 1969, tras la Primavera de Praga. Con motivo de la revuelta estudiantil y en un acto de protesta radical, un joven llamado Jan Palach se prendió fuego a sí mismo hasta morir. Lo más sorprendente de esta noticia es que en los ocho días siguientes se dieron en Europa no menos de diez muertes más por autoincineración, seis en Checoslovaquia y otras cuatro en distintos países. Años más tarde se registró una nueva oleada de contagio generado por esta brutal forma de muerte. Tuvo lugar en Inglaterra y Gales entre 1978 y 1979, después de que una joven australiana de 24 años, deportada de Inglaterra tras amenazar con quitarse la vida en la plaza del Parlamento, se prendiera fuego frente al Palacio de las Naciones de Ginebra. Tres días más tarde, un hombre hizo lo mismo a orillas del Támesis. En un mes, se habían producido diez inmolaciones similares y, en un año, 82 personas habían muerto quemándose a lo *bonzo*. Esta cifra contrasta con la media de los años precedentes en Gran Bretaña, que había sido de 23 suicidios al año por este método.

Otro episodio de imitación del método es el que tuvo lugar a partir de marzo de 1991, cuando Derek Humphry publicó *Final Exit* (*La última salida*), un libro sobre el derecho a morir y la eutanasia para enfermos terminales —que informaba sobre un método eficaz de suicidio por asfixia—, convertido en un *bestseller* en Estados Unidos. Tras su aparición, el porcentaje de suicidas por este método se incrementó en un 313% en la ciudad de Nueva York. Científicos del departamento de Psiquiatría del Colegio Médico de la Universidad de Cornell de Nueva York estudiaron lo que ocurrió después de que el libro saliese a la venta y publicaron sus resultados en el *New England Journal of Medicine*, en noviembre de 1993. Quisieron averiguar si el número de muertes por suicidio utilizando el método recomendado en *Final Exit* aumentaba durante el año siguiente a la publicación del libro y, efectivamente, descubrieron que se disparaba el número de muertes por asfixia con bolsas de plástico, mientras que el número de suicidios con otros métodos apenas varió. La conclusión parece ser que la difusión de información sobre la eficacia probada de algún método para infligirse la muerte puede potenciar impulsos suicidas. Otros ejemplos confirman esta hipótesis. Cuando en 1998 se hizo publicidad en Hong Kong de un modo de suicidio poco común, nueve casos similares fueron contabilizados en el mes siguiente. Dos meses después, era el tercer método más utilizado, y el segundo dos años más tarde. Un estudio de los cien primeros casos reveló similitudes entre la edad, el estatus marital, el estado mental y los problemas financieros de todas las víctimas. En la semana siguiente a la emisión de un intento de suicidio en una serie popular de televisión británica en 1999, las tentativas de suicidio en el país aumentaron un 17% y los métodos utilizados fueron idénticos. También en Gran Bretaña, un periódico informó de un suicidio utilizando un método inusual, por ingestión de líquido anticongelante mezclado con limonada. Durante el mes siguiente se documentaron nueve casos de intoxicación por ingestión de anticongelante, frente a una media de dos casos por mes en periodos anteriores.

También se menciona frecuentemente en los informes especializados sobre el tema la serie de sucesos que tuvieron lugar en los años ochenta en Viena. Un estudio sobre el suicidio en el metro vienés vinculó la cobertura dramática de los suicidios que habían tenido lugar en él con un incremento en el subsiguiente número de suicidios que se producían de la misma forma. Durante el año 1986 se registraron trece suicidios en el metro de la capital austriaca y otros nueve en los primeros nueve meses de 1987, comparados con solo nueve suicidios en dos años, entre 1983 y 1984. La prensa local acordó de forma voluntaria someterse a unas directrices informativas que limitaban el dramatismo y el sensacionalismo a la hora de cubrir las noticias relativas a estos sucesos. A partir de ese momento descendió el número de suicidios en el suburbano a solo cuatro en 1989 y a tres en 1990.[7] Asimismo, cuando la prensa recoge la muerte de una figura pública que genera afinidad, empatía o un proceso de identificación, las repercusiones pueden ser trágicas. La lista de casos en los que el suicidio de un personaje público ha provocado una oleada de seguidores es tan larga como siniestra. En 1962, durante el mes que siguió a la muerte de Marilyn Monroe, hubo 303 suicidios en Estados Unidos, lo que supuso un aumento de un 12% sobre la cifra habitual. También se recuerda la

---

[7] «Los Medios de Comunicación y el Suicidio. Guía para los profesionales. Buenas y malas noticias sobre el suicidio mediatizado», en www.presswise.org.uk.

muerte de la cantante japonesa Yukiko Okada, ídolo pop juvenil, que falleció en 1986 tras cortarse una muñeca, llenar su apartamento de gas y saltar desde un séptimo piso. 28 adolescentes se suicidaron durante los días siguientes y en Japón se habló del «síndrome de Yukiko».

También la representación del suicidio en la ficción audiovisual puede tener una repercusión fatal en la realidad. En Alemania, durante los años posteriores a la difusión de una serie de televisión que mostraba el suicidio de un adolescente, se constató un aumento substancial de los suicidios con un método similar. La serie en cuestión, titulada *Muerte de un estudiante*, constaba de seis capítulos y fue emitida en el país en 1981. Al inicio de cada capítulo, un joven se arrojaba a las vías al paso de un tren y, durante su periodo de emisión, los suicidios de jóvenes entre los 15 y los 19 años aumentaron un 175%. El número de suicidios por otros medios no descendió durante ese periodo, por lo que se concluyó que la serie había generado un incremento real y que no solo influyó en la elección del método. En Estados Unidos, un episodio de la serie de televisión *Casualty* incluía una historia de una sobredosis de paracetamol. La investigación demostró que la intoxicación autoinducida de esta sustancia se incrementó en un 17% durante la semana siguiente a la emisión y en un 9% durante la segunda semana. El 20% de los pacientes que habían visto el programa dijeron que les había influenciado en su decisión de intentar el suicidio.[8]

Pero la imitación o el contagio no se propagan necesariamente a través de un medio de información. Un ambiente compartido puede ser el foco de esta transmisión, o la razón para que diferentes personas sufran un proceso de autodes-

---

[8] «Los Medios de Comunicación y el Suicidio. Guía para los profesionales. Buenas y malas noticias sobre el suicidio mediatizado», en www.presswise.org.uk, y «Suicidio imitativo e información en los medios», en www.samaritans.org.

trucción emocional de características similares. En 2007, la noticia de una serie de suicidios en una empresa cercana a París conmocionó a la opinión pública. En dos años, cinco trabajadores del Technocentre de Renault, con 8.400 personas en plantilla, habían intentado acabar con su vida, cuatro en la propia fábrica. Uno de ellos sobrevivió. Desde los sindicatos, se reprochaba el fuerte aumento de la carga de trabajo, la reducción de costos y plazos y el desarrollo de una actividad cada vez más compleja. Esta noticia puntual puede llevar a la reflexión sobre el hecho de que cuando aumenta el número de suicidios en un lugar y un momento determinados, también existen otros factores ajenos al de la imitación. Ya se ha mencionado que los cambios en las condiciones de vida o de trabajo y los periodos de crisis social o económica son factores de estrés que afectan en este sentido, no solo a personas concretas, sino a colectivos sociales.

Pero además de considerar los factores de cambio que pueden afectar a casos agrupados de suicidio, conviene diferenciar entre contagio —con el consiguiente aumento en el número de suicidas— e imitación del método utilizado —circunstancia en la que no se registra un incremento en la frecuencia—. Existen lugares identificados en todo el mundo que se han convertido en auténticos patíbulos de suicidas, lugares que pareciera que ejercen una atracción magnética de muerte. En estos casos se puede afirmar que el imitador solo copia el método, no se impregna de un deseo de muerte que no existiera ya previamente en su fuero interno. Los episodios más escalofriantes de la historia reciente a este respecto fueron los que tuvieron lugar en el cráter del volcán Mihara, en Japón, que se convirtió durante unos pocos años en un auténtico imán de suicidas, que saltaban a la lava en cascada y donde solo en el año 1936 se registraron más de 600 muertes —casi dos al día—, hasta que el acceso a la montaña fue vallado por las autoridades. En la actualidad, el Golden Gate de

San Francisco ostenta el dudoso honor de ser el lugar en el que más gente se ha suicidado desde que se inaugurara en 1937, elevándose el número de víctimas a más de 1.200 casos, aunque algunos doblan ese cifra. Para reflejar esta terrible realidad, el realizador Eric Steel realizó en 2004 un estremecedor documental titulado *The Bridge*, en el que se relatan los 24 suicidios que tuvieron lugar allí en 2004, recogidos con cámaras múltiples que grabaron todas las horas de luz durante aquel año. El ritmo actual de suicidios en el Golden Gate es de una persona cada quince días y, a pesar del elevado número de fallecidos, aún no se han tomado medidas definitivas para evitar las muertes. La primera propuesta de construcción de una barrera protectora data de los años cincuenta, pero desde entonces ha sido objeto de controversia. El rechazo social y la hostilidad subyacente hacia los suicidas queda de manifiesto en las palabras del director ejecutivo de la organización Prevención del Suicidio de San Francisco: «La batalla de la barrera es en realidad una batalla de ideas. Y algunas ideas son muy antiguas, ideas sobre si los suicidas son personas a las que temer y odiar».[9] La torre Eiffel, el viaducto de Bloor Street en Toronto o el de la calle Segovia en Madrid han sido otros lugares de fuerte atracción suicida en los que, tras ser equipados con barreras protectoras, el numero de saltadores se ha reducido casi a cero. El comité municipal encargado de la gestión administrativa del Golden Gate ha aducido siempre motivos económicos, estéticos o de efectividad para denegar las demandas de construcción de medidas preventivas, pero la poca empatía hacia los deprimidos es el motivo de fondo por el que no siempre se toman todas las medidas posibles para evitar más casos. La idea esgrimida para rechazar la construcción de la valla protectora de que el sui-

---

[9] Tad Friend, «Jumpers. The Fatal Grandeur of the Golden Gate Bridge», *The New Yorker*, 13 de octubre de 2003.

cida es irrecuperable —que si se evita su muerte en ese lugar, se buscará otro— la desmontó con contundencia el estudio del doctor Seiden, publicado en 1978. La investigación se ocupó de 515 casos de personas a las que se les había impedido saltar desde el puente de San Francisco, desde su apertura en 1937 y 1971. Después de un seguimiento medio de 26 años, el 94% de todos estos suicidas intencionales seguían viviendo o habían muerto por causas naturales.[10]

Numerosos autores han tratado el suicidio como un virus social, susceptible de contagio y capaz de generar epidemias. Antes de que Durkheim dictaminara la naturaleza contagiosa del suicidio, el epidemiólogo británico William Farr había sido tajante al respecto cuando en 1843 dijo que «ningún hecho está mejor establecido en la ciencia como el de que el suicidio (y el asesinato, se podría añadir) se comete frecuentemente por imitación»; Hemenway argumentó a principios del siglo XX sobre la influencia de la información de casos de suicidio en la conducta imitativa; Phillips fue quien puso nombre oficial a esta conducta imitativa; y, más recientemente, Paul Marsden ha escrito una tesis doctoral al respecto en la que concluye que hay evidencias de contagio en estas conductas.[11] Algunos autores afirman que el grado de publicidad que se otorgue a un caso se relaciona directamente con el número de suicidios subsiguientes, aunque otros estudios cuestionan esta implicación directa. Lo que algunos autores denominan contagio histórico o histeria epidémica ha quedado documentado repetidamente a lo largo de la histo-

---

[10] Richard H. Seiden, «Where Are They Now? A Follow-up Study of Suicide Attempters from the Golden Gate Bridge», *Suicide and Life-Threatening Behavior*, vol. 8, n.º 4, invierno de 1978, pp. 203-216.

[11] Paul Marsden, *The Werther Effect, Fact or Fantasy? Media Contagion and Suicide in the Internet Age: Critical evalutaion, theoretical reconceptualisation and empirical investigation*. Graduate Research Center in the Social Sciences, University of Sussex, 2000.

ria. La pregunta inmediata es cuál debe ser la postura social consecuente ante ese panorama. ¿Debe silenciarse la existencia del problema para salvaguardar al resto de la población? ¿Es esa realmente la única disyuntiva? Esta cuestión ha surgido también al respecto de otras conductas que generan una gran alarma social, como los malos tratos o la pederastia. En estos últimos casos se ha optado por dar un tratamiento público y transparente a la información, desplegando todos los recursos posibles para disminuir su incidencia. Queda por ver aún cuál es el posicionamiento actual y las recomendaciones de las autoridades políticas, de los organismos sociales y de los medios de comunicación a la hora de abordar una realidad que se cobra demasiadas vidas.

El suicidio no es noticia

Ya desde los inicios de la moderna cultura de masas, la prensa estuvo en guardia en lo referente al suicidio. En 1910 se organizó una conferencia internacional en Viena para discutir el suicidio juvenil y el papel de la prensa,[12] y al año siguiente la American Medical Association convocó una comisión centrada en lo que se percibía como el creciente problema del contagio del suicidio.[13] Enseguida se dieron las primeras directrices encaminadas a la omisión de este tipo de información. Ese mismo año de 1911, un artículo publicado en el *Journal of Sociological Medicine* argumentaba que la informa-

---

  12   H. Häfner y A. Schmidke, «Do televised fictional suicide models produce suicides?», en C. Pfeffer (ed.), *Suicide among Youth: Perspectives on Risk and Prevention*, Washington D.C.: American Psychiatric Press, 1989, pp. 117-141.
  13   H. B. Hemenway, «To what extent are suicide and other crimes against a person due to suggestion from the press?», *Bulletin of the American Academy of Medicine*, n.º 12, 1911, pp. 253-263.

ción periodística sobre el suicidio era responsable del suicidio imitativo. Y, en 1948, la British Medical Association propuso la prohibición de los reportajes de prensa sobre el suicidio en el Reino Unido, en un intento de detener el supuesto efecto de contagio mediático. Ante el riesgo de provocar un perjuicio social con sus informaciones, las redacciones de los periódicos recogieron en sus códigos deontológicos estrictas normas en lo referente a las noticias sobre suicidas. Todo periodista aprende en sus años de formación que el suicidio no es noticia, a menos que el fallecido tenga una dimensión pública o el hecho adquiera, por algún otro motivo, relevancia social. Así lo establece, por ejemplo, el periódico *El Mundo* en la última actualización de su *Libro de estilo*: «VIII. Suicidios. Un suicidio no debe ser noticia en sí mismo. Acaba siéndolo cuando el autor es un personaje relevante o cuando se convierte en un hecho significativo por la forma de llevarse a cabo, la edad o el problema social que se esconda detrás». La cuestión es que esta bienintencionada cautela informativa ha derivado en un silencio sepulcral en torno a una de las cuestiones que mayor atención requiere en nuestros días. Con esta política mediática, el suicidio solo se aborda en circunstancias muy determinadas, con frecuencia asociado a conductas criminales, con lo que se contribuye aún más a desenfocar el problema real.

El extremo hasta el que ha llegado la comprensible prudencia informativa sobre el suicidio ha llegado a alcanzar niveles preocupantes de ocultación deliberada, que, por otra parte, tienen la consecuencia de dejarnos inermes ante un riesgo que desconocemos. A propósito de este silencio, cabe recordar el caso de seis universitarios norteamericanos que se quitaron la vida en 2004 saltando desde lo alto de distintos edificios en la Universidad de Nueva York, dos de ellos en la misma semana. Ya se tratara de suicidio imitativo, del resultado de una situación de crisis compartida o ya fuera fruto de una improbable casualidad estadística, la cuestión es que, salvo la prensa local, nadie se hizo eco de estas muertes. Según un estudio sobre el suicidio entre estudiantes, el número de alumnos de la universidad de Nueva York justificaría estas cifras.[14] Por otro lado, dado que la media de suicidio entre la población universitaria es de 7,5 por cada 100.000 estudiantes, en la NYU, con sus casi 50.000 matriculados, serían matemáticamente esperables casi cuatro suicidios al año. En comparación con los datos nacionales, se demuestra que la NYU había tenido un número relativamente pequeño de suicidios a pesar del impacto de estas tragedias encadenadas, ya que durante los siete años anteriores a estos sucesos no se había dado ni un solo caso en dicha universidad.[15] Pero quizá lo llamativo de este episodio no fuera la frecuencia de las muertes, sino que se imitara la forma de quitarse la vida: el salto al vacío. Si esos mismos estudiantes de una prestigiosa universidad hubieran sido asesinados sucesivamente a lo largo de un año o hubieran muerto víctimas de un francotirador, el pánico se habría extendido por el campus y la noticia habría abierto los informativos de todo el planeta. Pero, al tratarse de suicidios, la noticia no traspasó los círculos más inmediatos.

Ese empeño por evitar la información se basa en la mencionada evidencia que sugiere que la cobertura periodística de casos de suicidio se asocia con un aumento estadístico significativo de nuevos casos de mortalidad. Así lo demostró una vez más una investigación australiana de 1995 sobre el impacto de la prensa, que revelaba que la tasa del suicidio

---

[14] Morton M. Silverman *et. al.*, *The Big Ten Student Suicide Study: a 10-Year Study of Suicides on Midwestern University Campuses*, Chicago: Departamento de Psiquiatría, Universidad de Chicago.

[15] «Beyond the NYU Tragedy», *New York Sun*, Editorial, 7 de septiembre de 2004.

masculino aumentaba en función del número de los suicidios mediatizados, con un paroxismo al tercer día de la publicación. A primera vista, ante estas evidencias, no cabe más que concluir que lo razonable es cortar radicalmente toda información y toda referencia que pueda implicar el menor riesgo de generar una conducta de suicidio contagioso. La posibilidad de incitar al suicidio a un solo lector, oyente o espectador es motivo de alarma suficiente para que la mayoría de los medios opte por silenciar de la manera más radical toda comunicación sobre el suicidio hasta eliminarla del espectro informativo. Como indican otros muchos manuales sobre medios de comunicación, las noticias sobre suicidio pueden trascender cuando el protagonista es un personaje público, e incluso en esos casos suelen utilizarse términos ambiguos, descripciones evasivas e incluso distorsiones de los hechos con la intención inmediata de no generar iconos imitables, pero con un sospechoso fondo de negación de esta conducta secuestrada del imaginario social, como ocurrió en el caso de la muerte del actor Heath Ledger en 2008. En España, un año antes, los periodistas habían pasado de puntillas sobre el suicidio de Erika Ortiz Rocasolano, hermana de la princesa de Asturias. Quizás en ese caso la prensa rosa actuara movida por una precaución inusual en el sector, quizá flotara en el aire un cierto sentimiento de culpabilidad, dada la aversión de Erika Ortiz a aparecer en los medios, o quizá la deontología profesional aconsejaba no mencionar la palabra fatídica para no desencadenar una oleada de suicidio imitativo. Se pretendía evitar el efecto dominó y que gente proclive al suicidio lo llevara a efecto, pero algo nos advierte de que parece poco saludable que la única solución pase por envolver esa realidad social en un halo de misterio.

Con una intención edificante que tiene la consecuencia indeseable de alimentar la imagen histórica de horror excepcional asociada al suicidio, los medios de comunicación también se levantan a sí mimos la prohibición de abordarlo cuando se trata de casos de violencia radical o cuando el agresor acaba también con su propia vida tras un asesinato. En ese supuesto no existe tanto riesgo de identificación, porque el autor de las muertes no genera empatía social alguna, con lo que se vuelve a ver reforzada la idea del suicidio como comportamiento punible. El suicidio salta a la palestra mediática en casos de aberración extrema, en actos de terrorismo fundamentalista; cuando se producen suicidios simultáneos o en cadena; inmolaciones tras un homicidio múltiple o *femicidio*; cuando se asocia a sectas malignas o a conductas de fanáticos radicales. Ante este tipo de información, la imagen colectiva que nos hacemos del suicidio conecta con unos aspectos de la realidad social parciales y escorados, que no resultan representativos en absoluto de un fenómeno que es desgraciadamente tan cercano y frecuente. Admitido en esta categoría, en los medios de comunicación de todo el mundo sí que apareció, en mayo de 2007, la crónica de la muerte de una chica de 25 años, que se había suicidado tras matar a tres de sus cuatro hijas de 5, 3 y 2 años de edad. Esta mujer, de origen hispano, se llamaba Bertha Estrada y vivía en Hudson Oaks (Texas), cerca de la ciudad de Fort Worth. Los cadáveres los encontró la policía colgados de la barra del armario de la caravana en la que vivían, y junto a ellos se halló también ahorcada, pero aún con vida, a la cuarta hija de Estrada, una pequeña de ocho meses que pudo ser rescatada. La noticia, macabra y extrema como pocas que podamos conocer, no pasaría de ser un horrendo suceso aislado si no fuera porque, precisamente, no se trató de un suceso aislado. El pueblo de Hudson Oaks no llega a los 2.000 habitantes, pero cinco años antes ya había sido testigo de otro episodio similar. En julio de 2002, a poco más de un kilómetro de distancia, otra mujer, Dee Etta Pérez, acabó con la vida de su hija de 4 años y con la de sus hijos de 9 y 10 disparándoles mientras dormían, para después suicidarse ella. Hablar de una mera coincidencia parecería cerrar el asunto en falso, dejando en el lugar equivocado parte de la carga emocional que un asunto semejante despierta entre quienes reciben la noticia. La evidencia, una vez más, de que la idea del suicidio se transmite de manera epidémica quedó constatada en un acto que, en aquella ocasión, iba más allá de la muerte propia. Si otra madre mató a sus hijos antes de suicidarse en el mismo pueblo es porque esa posibilidad había dejado de ser una aberración inconcebible. Seguía siendo una aberración, pero ya no era inconcebible.

Aunque no todos los expertos coinciden en sus conclusiones con respecto a la influencia de la información en el contagio o la imitación del suicidio, son mayoría los que encuentran una relación entre ambos. Un ambicioso estudio de la universidad de Oxford se encargó de recabar las opiniones vertidas por los especialistas en el tema en decenas de trabajos de investigación de diferentes autores y sobre distintos soportes informativos.[16] Se revisaron treinta trabajos en los que se examinaba la información de la prensa escrita, y en veintiuno de ellos se estableció un vínculo entre las noticias y el aumento de los suicidios. Por lo que respecta a la información sobre el suicidio en televisión, de los trece estudios analizados se advirtió un incremento de las cifras de suicidio en diez de ellos. De otros diez trabajos que combinaron la información difundida por distintos medios sobre casos de suicidio, seis de ellos recogían un incremento en las tasas de suicidio. Y en lo referente a casos de suicidio reflejados en la ficción televisiva, de otros siete estudios, cuatro reflejaron

---

[16] *Suicide & the Media: Pitfalls and Prevention*, Informe sobre un seminario organizado por Reuters Foundation Programme entre Green College y el Oxford University Centre for Suicide Research (CSR) en el Centro Osler-McGovern del Green College, Oxford, 18 de noviembre de 2003.

aumentos significativos. Así pues, este estudio concluía que la información sobre casos de suicidio concretos puede repercutir en un aumento de los intentos de suicidio, así como en una conducta de imitación del método utilizado.

Aun así, el estudio de la Universidad de Oxford incidía en la importancia de la información, ya que la censura o la desinformación son igualmente peligrosas. La clave radica, pues, en la manera de abordar la información. Bien es cierto que los ajustados tiempos que manejan los periodistas no son el mejor contexto para garantizar una información responsable. Pero, incluso en los casos más limitados por las circunstancias temporales o el contexto, se debe tener en cuenta cuál es el tono y el mensaje subyacente de la pieza informativa. Este informe apunta a que parece haber una falta de conocimiento y de concienciación entre la comunidad periodística, en primer lugar, de las pruebas que aportan las investigaciones sobre la influencia de los medios de comunicación en la conducta suicida, y, en segundo lugar, de las líneas que se aconseja seguir a la hora de informar sobre tales asuntos. Y señala que es más que probable que si la mayoría de los periodistas estuvieran adecuadamente informados estarían dispuestos a seguir dichas líneas.

Una información responsable

La distorsión con que se aborda el problema del suicidio —que en la gran mayoría de los casos no es sino una manifestación radical de una depresión o unas condiciones de sufrimiento extremas— no ayuda en absoluto a tratar de prevenir este tipo de muertes. Su terrible naturaleza contagiosa exige el cumplimiento estricto de una serie de protocolos a la hora de abordar este tipo de noticias, pero no es motivo suficiente para decretar su secuestro informativo, como esgrimen irreflexivamente algunos periodistas a la hora de argumentar sobre el silencio al respecto. La realidad es que el tratamiento fragmentado y parcial del suicidio en los medios de comunicación contribuye, a su vez, a consolidar esa imagen de exabrupto excepcional y ajeno con la que construimos colectivamente la idea del suicidio.

Para conocer cuáles son los criterios que deben tenerse en cuenta, organizaciones de prensa de distintos países publican consejos prácticos sobre cómo abordar la noticia de un suicidio en un medio de comunicación. Entre las muchas directrices que se encuentran al respecto, en líneas generales, la mayoría enfatiza que está completamente desaconsejado dar cualquier tipo de noticia que pueda implicar información concreta sobre cómo llevar a cabo un suicidio efectivo. Se recomienda por encima de todo evitar el retrato sensacionalista de los hechos; se debe poner especial cuidado también en no glorificar a la víctima ni subrayar solo cualidades positivas del fallecido; y, entre otras cosas, se sugiere evitar la información *excesiva* sobre el suicidio. Este último punto es el que más discusión merece, porque resulta difícil determinar cuál es el nivel de información adecuado que se debe atribuir a un problema que se cobra un millón de víctimas al año en el mundo. Una cuestión clara es que no se debe insistir en cada caso concreto, pero otra muy distinta es la atención que se debe prestar al alcance general de este tipo de afecciones y muertes y la publicitación de mecanismos y recursos para prevenirlas.

El comportamiento de los medios de comunicación al abordar una información sobre cada caso particular de suicidio debe contemplar —según se proclama desde los principales foros, desde las directrices editoriales de la BBC hasta la Organización Mundial de la Salud— una serie de consideraciones ineludibles. Los expertos afirman que se deben evitar siempre las explicaciones simplistas o reduccionistas de un suicidio. Cualquier muerte voluntaria responde a una amplia variedad de factores, incluyendo problemas psicológicos, tan complejos como cualquier biografía; reducirlos a una causa o a un solo motivo siempre será incompleto e inexacto. Tampoco es necesario hacer un catálogo de los distintos problemas que pudiera tener esa persona, pero sí reconocer la existencia de esos conflictos. La razón por la cual no es conveniente realizar una cobertura excesiva de casos de suicidio concretos en las noticias se debe a que el relato de muertes específicas acompañado de descripciones detalladas de las circunstancias en las que tuvieron lugar suele atraer la atención de suicidas potenciales y genera el peligroso efecto contagio. Por supuesto que el tono informativo debe evitar en todo momento el registro sensacionalista. Una aproximación alarmista y morbosa a este tipo de muertes es absolutamente perjudicial para la comunidad que recibe la información, aunque se escude en una intención moralizante. Asimismo, se deben evitar siempre las fotografías y las descripciones de los métodos y lugares en los que estas muertes se hayan llevado a cabo. Es de sentido común que no se debe presentar el suicidio como una forma de conseguir una meta, que en las descripciones de los hechos no deben aparecer expresiones que puedan sugerir que la víctima se ha liberado de sus problemas o resuelto de este modo una situación conflictiva, así como tampoco se debe dar demasiada difusión a esta conducta, para que no pueda incitar a otros que pudieran sentirse atraídos por un afán de reconocimiento post mórtem. Al tratar los casos de personajes relevantes, se debe respetar el derecho a la privacidad de los afectados, por lo que se recomienda a los periodistas evitar especulaciones, contrastar fuentes y, sobre todo, preguntar a la familia. Se recuerda que después de un suicidio los parientes son particularmente vulnerables, que pueden experimentar sentimientos de furia, desesperación, culpabilidad, incomprensión o vergüenza, y que la publicidad mediática no hace sino empeorar esa situación, especialmente entre los niños. Se debe por tanto consultar a las familias antes de publicar cualquier material que debiera quedar fuera del dominio público, por lo que se recomienda evitar la intrusión en el dolor y la vida privada de una familia. Conviene asimismo cuestionar los mitos del suicidio y las generalizaciones falsas, como que «las personas que manifiestan suicidarse no lo hacen nunca» o «los suicidas están decididos a morir y son irrecuperables».

La organización británica Samaritans, entre cuyos fines prioritarios está la prevención del suicidio, repara en la importancia del papel que desarrollan los medios de comunicación en la educación del público con respecto al suicidio. Sin embargo, advierte de que cierto tipo de cobertura mediática puede resultar perjudicial y funcionar como catalizador para influenciar a aquellas personas que se encuentran en una posición vulnerable. Los más afectados resultan ser los jóvenes, y el riesgo parece ser mayor cuando se genera un sentimiento de identificación, como sucede con el caso del suicidio de un personaje famoso o incluso de un personaje de ficción atractivo. Existen también ejemplos, como el caso de la muerte de Kurt Cobain, que se pone como ejemplo de información bien gestionada. A pesar de que se hayan conocido casos de jóvenes relacionados con el suicidio del líder de Nirvana, se considera que la cobertura mediática fue correcta porque destacó el pasado conflictivo de Cobain y, sin cuestionar su talento artístico, condenó el sinsentido de su decisión. Transcendió la información de que para reconocer el cadáver se tuvo que recurrir al registro dental tras el disparo, lo que evitaba romantizar el hecho. Los centros de crisis para atender urgencias emocionales, que experimentaron un aumento significativo de llamadas tras el suicidio, actuaron con eficacia y desplegaron una campaña de alerta efectiva. Y tanto la madre de Cobain como Courtney Love condenaron públicamente el suicidio.

Samaritans insiste, sin embargo, en que una explicación positiva y sensible del asunto puede ayudar a educar a la opinión pública a desestigmatizar la cuestión y que «el suicidio es un tema legítimo de discusión seria en los medios de comunicación, al igual que otros temas de salud mental». La evidencia parece demostrar que la prensa se tiene que abstener de ciertas informaciones, o más bien de ciertos enfoques informativos, que suelen ser los más morbosos y atractivos para la audiencia o los lectores. Si la noticia de un suicidio se depura de los detalles escabrosos, el resultado suele ser una información sin tanto gancho mediático que se prefiere ignorar. El desafío al que se enfrentan los medios es encontrar un enfoque que cubra su misión de servicio público en un tema prioritario como este. Es más que sensato admitir que los medios de comunicación no deben informar de cada caso de suicidio en particular o que no deben darse a conocer métodos efectivos para quitarse la vida, pero existe una deuda informativa pendiente con toda la sociedad. Tenemos el derecho y la obligación de saber cuántos de nosotros mueren cada año víctimas de sí mismos. Debemos estar informados de cuál es el riesgo que corremos de caer en una situación que nos lleve a desear la muerte, para así estar menos indefensos. Se necesitan campañas que promuevan la salud mental, igual que abundan las iniciativas encaminadas a evitar los accidentes, la violencia o las enfermedades. Hablar del suicidio es ya una forma de combatirlo. Los manuales periodísticos recomiendan marcar pautas estrictas para tratar esta información, pero también aseguran que la censura o la desinformación son inútiles.

Una publicación de *PressWise* —organización relacionada con la ética periodística— dirigida a profesionales del periodismo afirma que «los informes responsables salvan vidas».[17] En ella se recogen también unas normas agrupadas por

---

[17] «Los Medios de Comunicación y el Suicidio. Guía para los profesionales. Buenas y malas noticias sobre el suicidio mediatizado», en www.presswise.org.uk.

distintos periodistas con la aprobación de agencias de prevención del suicidio, con la intención de alertar sobre los riegos relacionados con la cobertura mediática y dar consejos sencillos que permitan evitar un daño inútil. Este organismo ha creado módulos de ayuda para los profesionales cuyo propósito es atender a los periodistas para desarrollar enfoques responsables acerca del relato del suicidio. Otro estudio titulado *La tendencia suicida y la industria mediática*, basado en investigaciones llevadas a cabo por el departamento de Psiquiatría de la Universidad de Oxford, aborda profundamente esta compleja relación.[18] En él se citan casos en los que el tratamiento mediático ha influido claramente en las cifras de suicidio, como el que se dio en Estados Unidos en los años sesenta, cuando durante una huelga masiva de periodistas —que dejó sin circulación a muchos periódicos— se constató una gran baja de la tasa de suicidio en mujeres. A estas premisas se atienen la mayoría de los medios para considerar tabú esta palabra. Pero ¿es realmente una alternativa plausible hacer como si no pasara nada? El informe no recomienda en absoluto un enfoque negador y oscurantista, y sí da pautas a los periodistas sobre cómo informar adecuadamente. Los autores argumentan que es conveniente que el público sea consciente del fenómeno, que reconozca las señales de alarma y tenga referencia de los lugares de prevención existentes cuando busca ayuda. Se recomienda que las redacciones de los medios organicen debates entre la plantilla y desarrollen su propia política sobre el trato del suicidio. Y los periodistas deben comunicar los datos que obtengan a las agencias de prevención del suicidio para que estas las incorporen a sus políticas de ayuda. Si el relato de un suicidio merece las primeras pági-

---

[18] Keith Hawton y Kathryn Williams, *Influences of the media on suicide. Researchers, policy makers and media personnel need to collaborate on guidelines*, Oxford: Centre for Suicide Research, University Department of Psychiatry, Warneford Hospital.

nas, se deben incluir datos de organizaciones de soporte que puedan dar consejos u organizar consultas.[19] El oportunismo y el tratamiento sensacionalista de cualquier drama o crimen en un medio de comunicación pueden tener efectos negativos y consecuencias perniciosas entre los sectores de población más vulnerables. Por eso, la invitación a ceñirse a un código deontológico periodístico es extensible a la información relativa a crímenes sexuales, violencia de género, abuso de menores y a tantos otros temas cuya presencia mediática es crucial para combatirlos. Otro factor de influencia es la coincidencia entre el estímulo o el modelo mediático y el observador en términos de edad, sexo y nacionalidad. La gente más joven parece ser la más vulnerable a la influencia de los medios de comunicación, a pesar de que hay pruebas limitadas que demuestran un alto impacto también en personas mayores.[20]

ROMPER EL SILENCIO

La controvertida naturaleza del suicidio, la posibilidad de contagio, la multitud de recomendaciones a las que se enfrentan los comunicadores al abordar una forma de muerte que es material altamente inflamable... hacen que resulte más cómodo y, teóricamente, más seguro no abordar la cuestión para no generar más víctimas. Pero en ese afán de protección reside la naturaleza perversa del silencio político, social y mediático. Ese silencio supuestamente protector es el que niega la desaparición de un millón de personas cada año, el que ignora el dolor colateral de otros seis millones de familiares y parientes que padecen la incomprensión de un mundo

---

[19] «Los Medios de Comunicación y el Suicidio. Guía para los profesionales. Buenas y malas noticias sobre el suicidio mediatizado», en www.presswise.org.uk.
[20] Hawton y Williams, *op. cit.*

que, simplemente, no concibe este tipo de muerte. Una prueba de ello es que, desde 2003, existe un *Día Mundial para la Prevención del Suicidio*, el 10 de septiembre de cada año, y la fecha pasa inadvertida para los gobiernos, la prensa y los ciudadanos, que la desconocen por completo. Este día mundial de concienciación frente al suicidio forma parte de las iniciativas de la OMS dentro del proyecto SUPRE (SUicide PREvention), cuyos objetivos abarcan reducir la mortalidad y la morbilidad debidas a conductas suicidas, romper el tabú que rodea al suicidio y reunir a autoridades nacionales con la población de forma integrada para superar los desafíos que esta cuestión plantea. Para la OMS resulta prioritario elevar la alerta general sobre el suicidio y proporcionar apoyo psicosociológico a toda persona con pensamientos suicidas o experiencias de intentos de suicidio, y a sus familiares y amigos íntimos, así como a los de aquellas personas que han consumado un suicidio.

El *Día Mundial para la Prevención del Suicidio* se centró en 2007 en la prevención del suicidio desde la juventud hasta la vejez. Se eligió ese tema para incidir en que se suicidan personas de todas las edades y que las medidas que se adopten para prevenir los suicidios en el marco de las respuestas nacionales tienen que atender a las necesidades de distintos grupos de edades. «El Día Mundial para la Prevención del Suicidio —afirma el comunicado oficial— ofrece a las poblaciones del mundo la ocasión de unirse en el empeño común de velar por que los suicidios se prevengan, las personas afectadas por enfermedades mentales reciban un tratamiento adecuado, los que cometen intentos de suicidio reciban atención comunitaria y un seguimiento estrecho, se restrinja el acceso a los métodos comunes de suicidarse y que los medios de información actúen con más mesura al notificar los suicidios. Son demasiadas las personas de todas las edades que acaban con sus vidas innecesariamente. Un promedio de casi 3.000 personas se suicidan cada día. Cada treinta segundos la pérdida de una persona que se mata a sí misma destroza la vida de su familia y sus amigos. Por cada persona que logra suicidarse, veinte o más lo intentan. El impacto emocional de los suicidios o los intentos de suicidio para la familia y los amigos puede durar muchos años. Cada vez se tiene más conciencia de que el suicidio constituye un importante problema de salud pública, aunque en muchas sociedades sigue siendo tabú hablar abiertamente de la cuestión.»[21] En esas escuetas líneas, el mensaje de este organismo de Naciones Unidas resume una realidad escalofriante que la gran mayoría desconoce. En su comunicado, la OMS continúa afirmando que es prioritario «tratar de que el suicidio deje de ser considerado un tabú, o una consecuencia aceptable de una crisis personal o social, y sea visto como una afección sanitaria en la que influyen factores de riesgo psicosociales, culturales y ambientales que se pueden prevenir mediante respuestas nacionales que afronten los principales factores de riesgo locales que lo favorecen [...]. Si establecemos redes y alianzas para promover unos planteamientos comunes que presten apoyo a los gobiernos en la planificación y la ejecución de sus respuestas nacionales, constataremos que, en efecto, el suicidio es un problema de salud pública enorme, pero que en gran medida es prevenible».[22]

La resolución del Consejo de Europa aprobada en 2008, concerniente al alarmante aumento del suicidio juvenil,[23] tiene como finalidad impulsar de forma sostenida la concienciación de los gobiernos nacionales y de la población en general sobre el hecho de que el suicidio, siendo un gravísimo problema sanitario, se encuentra subestimado por todos

---

[21] Comunicado de la OMS en el Día Mundial para la Prevención del Suicidio, 10 de septiembre de 2007.
[22] Ibíd.
[23] *Child and teenage suicide in Europe: A serious public-health issue*, Resolución 1.608 (2008), Debate de la Asamblea del 16 de abril de 2008 (Sesión 15). Véase Doc. 11.547, informe del Comité para Asuntos Sociales, Sanitarios y de Familia. Informante: Bernard Marquet.

los sectores. En este sentido se hace un llamamiento a la movilización a toda la sociedad. La iniciativa europea contempla la prevención y el tratamiento de la enfermedad mental, condena la violencia psicológica, física y económica contra los jóvenes como circunstancias que pueden conducir al suicidio y aboga por una ampliación de la implementación de medidas preventivas, en las que se impliquen los agentes sociales, sanitarios y educativos. El Consejo de Europa advierte sobre la necesidad de que los jóvenes con problemas tengan a su alcance los medios para comunicar sus temores y preocupaciones con alguien que les pueda ayudar. También propone iniciativas como la extensión de la mencionada autopsia psicológica, una forma de intentar averiguar los motivos que llevaron a la muerte al sujeto en cada caso de suicidio consumado, con la intención de mejorar la compresión del problema y evaluar los riesgos. La forma en la que el suicidio aparece representado en los medios de comunicación también es objeto de especial atención en esta iniciativa política, en particular aquellos casos que se refieren a adolescentes, fácilmente influenciables por Internet y la televisión. En particular, la Asamblea enfatiza los peligros asociados al uso inapropiado de Internet y alerta sobre la necesidad de que se ponga en funcionamiento una regulación gubernamental, ya que, como se recoge en el informe, existen páginas y blogs en los que se glorifica el suicidio. Para contrarrestar esta información promocional del suicidio, la propia Asamblea considera Internet un vehículo adecuado para proporcionar información preventiva. El Consejo de Europa concluye que es necesario abordar el suicidio juvenil y convertirlo en una «prioridad política», promoviendo la concienciación sobre la existencia del problema en las familias y las escuelas, favoreciendo la investigación especializada y la difusión de medidas preventivas por parte de profesionales. La última recomendación del organismo europeo es un llamamiento a la movilización colectiva que acompase las iniciativas de salud, educación y empleo, que coordine los esfuerzos de las ONG, de la policía, del sistema judicial, las autoridades religiosas, los políticos y los medios de comunicación.

Tras esta completa declaración en la que se pide difusión y participación activa de todos, resulta curioso observar el empecinamiento de algunos medios de comunicación al recoger la noticia por salvaguardar la política informativa de silencio que han ido practicando hasta la fecha. Así, el diario *El País* lleva a la portada de su edición nacional al día siguiente de la aprobación de la medida europea un titular tan ambiguo como el siguiente: «Suicidio: callar sí, no ignorarlo». A pesar del rigor con que se recoge la información, y del adecuado enfoque de difusión y promoción de este trabajo periodístico sobre un tema tan poco tratado, el artículo insiste en defender una postura que ha hecho del suicidio un tabú en los medios de comunicación: «Existe un acuerdo tácito para no difundir los datos alarmantes y limitar las informaciones de conductas autodestructivas como forma de evitar un supuesto efecto contagio. Este periódico, por ejemplo, defiende y practica esta filosofía recogida en los Principios de su *Libro de estilo*: "El periodista deberá ser especialmente prudente con las informaciones relativas a suicidios. En primer lugar, porque no siempre la apariencia coincide con la realidad, y también porque la psicología ha comprobado que estas noticias incitan a quitarse la vida a personas que ya eran propensas al suicidio y que sienten en ese momento un estímulo de imitación. Los suicidios deberán publicarse solamente cuando se trate de personas de relevancia o supongan un hecho social de interés general"».[24] Parece que el hecho de que en España se suiciden 3.300 personas cada año no se ha conside-

---

[24] María R. Sauquillo y Beatriz Portinari, «Suicidio: callar sí, ignorarlo no», *El País*, 17 de abril de 2008. La cursiva es mía.

rado aún un «hecho social de interés general», ya que resulta excepcional encontrar en la prensa española noticias relativas al suicidio o informaciones relacionadas con su prevención. Con la finalidad de evitar muertes se acaba confundiendo prudencia con silencio sepulcral.

Otros titulares de prensa resumían la iniciativa europea como un llamamiento a reducir los detalles y filtrar la información, reafirmando las posiciones de silencio y obviando el fondo de la cuestión: la demanda de debate y concienciación. Y, lo que es peor, otros muchos medios de comunicación ni siquiera se hicieron eco de la resolución aprobada. La esencia de esta propuesta del Consejo de Europa era precisamente demandar luz y taquígrafos para un asunto que hasta ahora ha sido tabú y que está diezmando la población ante la impasibilidad de todos. Con inteligencia, sensibilidad, sin apelar al morbo y con toda la prudencia informativa necesaria para concienciar y prevenir, lo que se plantea desde las más altas instancias políticas europeas es que se informe de manera responsable y que se intente elevar la conciencia social sobre el tema.

Tras estudiar las evidencias expuestas en la resolución europea, resulta evidente que se necesita un cambio de enfoque en la cobertura informativa del suicidio que acabe con el silencio impuesto en torno a esta luctuosa práctica. No se trata de informar de los casos concretos ni de las circunstancias, los detalles o los métodos utilizados, ni de intentar exponer las razones que han llevado a la muerte a una persona en particular. Se necesita una información que eleve la conciencia sobre la existencia de este problema en general, sobre las raíces de los conflictos que pueden llevar a esta práctica, sobre las actuaciones que se pueden poner en marcha por parte de cada uno de los actores sociales. No es noticia el caso aislado de cada uno de los nueve suicidas anónimos que acaban con su vida cada día en España, pero sí es un hecho social de interés general el total de esas muertes acumuladas y el fenómeno que representan.

El suicidio mediático

A pesar de las claras directrices a la hora de informar sobre el suicidio, el comportamiento informativo continúa oscilando entre dos riesgos igualmente peligrosos, uno por defecto y otro por exceso. Por una parte, existe la tendencia a silenciarlo, y, por otra, a tratarlo de manera escabrosa. Si bien las posibles consecuencias del morbo informativo han quedado suficientemente expuestas, es necesario profundizar más en los efectos del silencio. Y es que la cautela para no despertar comportamientos imitativos ha sido tal que el resultado de ese silencio mediático se puede confundir con el tabú. La historia de la dictadura española, marcada por el secretismo y la censura informativa, da pie a repensar si el tratamiento que recibe el suicidio en los medios ha sido y es el adecuado. Una anécdota recogida por José Manuel Rodríguez *Rodri* en su libro sobre la censura tardofranquista en la radio musical española[25] puede dar la medida del calado social de este silencio impuesto. Cuenta el autor que la idea de escribir ese libro fue consecuencia de un incidente que vivió en 1972 mientras trabajaba en la radio. El actor valenciano Jorge Mistral acababa de suicidarse en México y él recordaba que en los archivos de RNE había discos con el galán de cine recitando poemas, que quiso recuperar a modo de homenaje. Decidió ir a buscarlos al archivo y se encontró con que habían desaparecido. La censura había secuestrado las grabaciones para que la voz de un suicida no se escuchase en una emisora de radio y los discos habían sido destruidos.

---

25 José Manuel Rodríguez *Rodri*, *Una historia de la censura musical en la radio española*, Madrid: RTVE Música, 2007.

Con este reciente bagaje es fácil convertir la prudencia informativa en condena implícita hacia un comportamiento considerado socialmente reprobable. Ese clamoroso silencio impuesto sobre un drama tan frecuente parece deberse más a las exigencias de una sociedad que aún se escandaliza ante el suicidio y lo condena al ostracismo mediático que al resultado de una reflexión profunda de la profesión periodística por causas humanitarias y por prudencia informativa. Puede ser más el resultado de una voluntad de liquidar un asunto que a toda la sociedad le quema las manos que el de una estrategia colectiva para adoptar la mejor actitud posible a la hora de amortiguar los efectos de este drama. Y con la excusa perfecta de evitar el contagio, lo que consiguen la prensa y la sociedad entera es volverles la espalda a todas aquellas personas que mueren cada año en el mundo de esta forma, ignorando su soledad y su profundo dolor.

Si los medios han decidido no ocuparse del suicidio más que en casos puntuales es también porque temen hacer más daño que bien. El tema les sobrepasa porque saben que no se puede abordar correctamente en el formato dominante de la información exprés, porque no se puede despachar recomendando la lectura de un manual de autoayuda ni tomando una pastilla. Un asunto de tal calado no se maneja con facilidad en la epidérmica cultura de masas. Los mensajes que puede dar la sociedad de la información son demasiado cortos, demasiado masivos para que una cuestión tan profunda y tan grave se pueda afrontar de una forma adecuada. En caso de que los medios de comunicación por fin se decidieran a abordar el desafío que exige el problema del suicidio y la salud mental, no podrían evitar convertirlo en un nuevo *reality show*. El capitalismo rampante que domina toda la actividad económica —con jerarquías de ecos feudales en las que se atiende únicamente a la voz de mando y con una sensibilidad forjada en la facultad de Empresariales— diluye casi cualquier posibilidad de sensatez en la vorágine de una industria mediática que solo repara en la cifra de beneficios. El drama de una vida truncada por la violencia voluntaria sería demasiado goloso para que la feria audiovisual lo tratara con prudencia y respeto. Los medios de comunicación deberían alertar sobre los riesgos de la desatención al ámbito psíquico, promocionar valores de vida saludables y comportamientos preventivos, pero nunca contar tragedias privadas reparando en los detalles. Y no parece que el actual panorama de la comunicación esté en condiciones de dar ese salto cualitativo.

Por tanto, la sociedad contemporánea, exhibicionista hasta la médula, ha decidido esconder su herida más sangrante, ocultarla, avergonzada por una realidad que la cuestiona hasta lo insoportable. Cualquier otro comportamiento que implique agresión o violencia es susceptible de ser reprobado por los agentes sociales, pero el discurso normativo se queda sin argumentos cuando lo que se rechaza de plano es la propia vida. Escudados en la idea reduccionista de que hablar del suicidio es promoverlo, se silencian unas cifras de muerte y se obvian unos niveles de sufrimiento que en cualquier otro caso desatarían los más altos niveles de alarma. Nuestra sociedad se olvida a conciencia del inmenso número de familiares y allegados destrozados por un acontecimiento que no saben cómo gestionar, y da la espalda a uno de los dramas humanos más inexplicables y que más angustia generan. El suicidio se recluye al ámbito ultra privado y solo sale de él en forma de cotilleo, rumor o habladuría. Sus víctimas se convierten en sospechosos, tanto los fallecidos como sus íntimos, y la disfunción se asocia a sus biografías de forma indeleble.

En un mundo que se cobra anualmente más víctimas por suicidio que por guerras y homicidios, sorprende la poca atención que recibe esta forma de muerte. Y resulta extraño que se oculte el suicidio en una sociedad que lo enseña todo. En un tiempo en el que cualquier acontecimiento se convierte en espectáculo, desde lo más íntimo a lo más deplorable, resulta llamativo que los medios de comunicación hayan hecho un pacto de silencio respecto al suicida. ¿Se trata solo de un acuerdo tácito de los medios de comunicación por razones éticas?, ¿o será también que el suicidio cuestiona todos los valores de nuestro mundo, por su evidente rechazo radical de lo que somos? El componente contagioso que se asocia al suicidio puede ser la principal razón de ese silencio mediático premeditado. Pero el hecho de que se trate de un acto contra natura no lo explicaría en absoluto, cuando las páginas de la prensa y los minutos de información se llenan con fruición de las perversiones más abyectas que se puedan concebir, maquilladas como un cínico acto de contrición y de denuncia de lo indeseable. Sorprende pues que aún no se haga espectáculo mediático del suicidio. Ya fuera teñido de afanes explicativos o bajo el aspecto doctrinal del que desea prevenirlo, el asunto se prestaría a ser carne de cañón de espacios y páginas de sucesos. Afortunadamente, en este sentido existe ese pacto de silencio en los medios de todo el mundo que raramente se quiebra. La inquietud es que la divulgación normalizada de estas noticias pueda crear una cultura del suicidio, en la cual sea considerado una forma normal y aceptable de abandonar un mundo difícil. La pregunta es si, con el actual número de víctimas, no se puede decir que esa cultura existe ya.

El riesgo paradójico que encierra abordar de manera inapropiada el suicidio en los medios de información paraliza a los informadores. Antes que asumir la responsabilidad de generar contagio se elige de forma aparentemente sensata silenciar una cuestión tan delicada, pero resulta que la epidemia de suicidios que se pretende evitar ignorando el tema nos ha golpeado ya de lleno y ha aumentado de manera alarmante en las últimas décadas. En la era de la información, la sociedad vive desinformada, de espaldas a un drama que se cobra una víctima cada treinta segundos, ajena a la presencia de una muerte que respira en su nuca. Ese temor a informar de manera irresponsable no puede borrar por completo de la escena pública la realidad del suicidio. Es hora de poner en juego la capacidad del ser humano para afrontar grandes retos y buscar la manera de concienciarnos de la existencia de este problema sin que esa toma de conciencia nos arrase con una supuesta plaga de suicidios. Es la información sensacionalista o morbosa, cuando cae en un terreno dominado por la ignorancia y el miedo, la que puede resultar realmente peligrosa. Pero dudo mucho que un empeño colectivo para dar a conocer la realidad en la que vivimos —incorporando propuestas que orienten a quienes necesiten ayuda, desde una iniciativa política, sanitaria y educativa común— pudiera desatar el temible escenario de muerte imitativa conocido como *efecto Werther*.

Nuestros informadores y creadores deben concienciarse de la importancia de recoger ejemplos positivos tanto en las noticias como en la ficción. Se necesitan más reportajes periodísticos y más producciones audiovisuales que aborden con profundidad y calado la experiencia humana frente al suicidio. Investigaciones y documentos informativos que orienten, protejan y ofrezcan salidas a quienes se puedan sentir en esa tesitura. Las cuestiones relativas a la salud psíquica comienzan a tener cierta presencia en suplementos de salud, reportajes de investigación, publicaciones especializadas dirigidas al gran público y espacios que se detienen un poco más en la reflexión, pero de manera aún claramente insuficiente. En el campo de la ficción audiovisual, la película *The Hours* (*Las horas*, Stephen Daldry, 2002) es un excelente ejemplo en esa línea. En este largometraje, la lucha por la vida del contradictorio personaje que interpreta Julianne Moore la convierte paradójicamente en un *monstruo*, como la llaman en la película, y su afán de vivir tendrá la consecuencia de arrastrar a la muerte, años después, a su propio hijo. Su elección de abandonar a una familia en la que se asfixia antes que optar por quitarse la vida acaba cobrándose un precio muy alto. Pero esa reflexión sobre la depresión y el suicidio —con la referencia literaria constante y en paralelo de Virginia Wolf y su *Mrs. Dalloway*, la novela en la que se inspira la película— es una prueba de sensibilidad y una referencia de que se puede abordar este terrible tema sin sensacionalismo y con una mirada enriquecedora.

Nos aterra pensar lo que pudiera pasar si se rompe el tabú informativo y nos paraliza el carácter epidémico de esta conducta. Pero el grado de represión y secretismo que se le aplica, cubierto por un extraño manto tejido de respeto, vergüenza e incapacidad innata para afrontar esta conducta, no hace más que aumentar su poder mítico e impedir tomar medidas abiertas y prácticas a la hora de prevenirlo. Negar las evidencias palpables que desvelan las cifras es negar la parte más débil de nuestra sociedad. Apartar la mirada del sufrimiento extremo que padecen muchos de nuestros conciudadanos no es respeto, sino miedo. Miedo a descubrir que ese dolor nos acecha a todos, que está mucho más cerca de lo que quisiéramos, que la vulnerabilidad de los suicidas cuestiona la solidez de una estructura social que hace aguas. Y el peso de este necesario proceso de cambio de valores y perspectivas no puede recaer solo en los medios de comunicación, que en definitiva se construyen en sintonía con los valores sociales dominantes, aunque contribuyan a crearlos. La sociedad entera tiene que hacer un gran esfuerzo por cambiar la manera en que concibe y cataloga el suicidio para que los medios lo reflejen adecuadamente. En este sentido, la Organización Mundial de la Salud es tajante al respecto. En sus informes sobre el tratamiento del suicidio afirma que la política mundial de prevención no está encauzada adecuadamente debido a la falta de conciencia pública sobre el suicidio como problema urgente y al tabú que impide una discusión abierta en muchas sociedades.

El último tabú

Cuando la muerte entra en escena de la mano de la propia víctima, en la mente de quienes presencian la escena desde mayor o menor distancia se instala una posibilidad que hasta ese momento habitaba en un territorio extraordinario y remoto. Algo nos advierte de que el suicidio es innombrable porque abre una vía de escape que podría no haberse concebido. Cuando un suicida cae cerca de nosotros, esa trágica solución a los problemas de la vida se nos plantea como una alternativa que ya no es literatura romántica ni ciencia ficción. Los medios de comunicación son conscientes de que, si se habla de ello, la idea puede anidar en quien no lo había considerado o animar a quien ya se lo hubiera planteado.

El escalofrío que nos recorre indefectiblemente ante la mención de esta forma de muerte evidencia que el suicidio nos asusta más de lo que podemos admitir. No nos atrevemos siquiera a contar los cadáveres porque su número señala una grave disfunción social, ni somos capaces de mirar a los ojos del suicida porque su crítica radical al mundo y su reproche final a sí mismo nos incluye a todos. Cuando al autor de nuestra muerte lo llevamos dentro, el horror es demasiado grande para admitirlo como noticia o como tema de conversación. Y el resultado es que bien poco se puede hacer para solucionar un problema cuando no se tiene conciencia de que existe. La opacidad sobre el discurso del suicidio comporta, entre otros graves riesgos, el de llegar a distanciarse de un discurso razonable y favorecer que aparezcan comportamientos en los que se confunden fantasía y realidad. La fobia social que genera esta cuestión se ha traducido en ocasiones en comportamientos reveladores del nivel de irracionalidad que la rodea. Sucedió con la canción *Gloomy Sunday*, compuesta en 1933 por el húngaro Rezso Seress, quien acabó suicidándose en 1968. La canción había despertado pocas críticas hasta que en 1936 se la responsabilizó de un aumento en el número de suicidios en Hungría y fue prohibida allí. A partir de ese año se hicieron varias grabaciones en Estados Unidos de la «canción húngara del suicidio», siendo la de Billie Holiday la que alcanzó mayor popularidad. En tono de lamento, la cantante llora la muerte de su amado y se pregunta si los ángeles se enfadarán «si pienso en unirme a ti», para continuar afirmando que «mi corazón y yo hemos decidido acabar con todo». Ante la alarma social generada por este texto, la reproducción de este tema musical fue prohibida también en las radios estadounidenses e inglesas, ya que se le atribuía el poder maligno de generar epidemias de suicidio.

La muerte, de la que intentamos huir en vano durante toda la vida, cuando se invoca voluntariamente provoca un profundo estado de estupefacción y desconcierto entre quienes contemplan semejante rebelión contra lo que algunos consideran una ley natural. Esta iniciativa de autodestrucción genera un rechazo automático y un sentimiento de incomprensión irresoluble, seguidos de una condena casi innata. Junto a las condenas explícitas que las leyes religiosas y los códigos penales han levantado frente a esta práctica, la opinión pública ha generado una serie de prejuicios y presupuestos que reclaman ser examinados con más detalle. Es comprensible la corriente de rechazo social que provoca el suicidio, por cuanto la muerte de cualquiera supone un cierto grado de muerte propia. Así lo decía en el siglo XVII John Donne, el más importante poeta metafísico inglés: «la muerte de cualquier hombre me disminuye, porque yo formo parte de la humanidad; por eso nunca envíes a nadie a preguntar por quién doblan las campanas: doblan por ti», una cita que hiciera famosa el también suicida Ernest Hemingway. Donne resumió esta idea de conexión humana en una sola frase aún más evocadora: *«No man is an island»* («Nadie es una isla»). Esa conexión con el resto del mundo es el fundamento del sentimiento de compasión y una de las bases para entender la aversión y el rechazo que provoca el suicidio. Ante nuestra incapacidad para aceptar la trasgresión de ese pacto implícito de conexión, el mejor recurso que hemos encontrado para manejar la *traición suicida* ha sido adoptar una actitud negadora. El suicidio entra así en el territorio de lo no mencionado, de lo no visible. Su naturaleza es tan hermética que resulta frecuente experimentar un escalofrío ante la palabra, entre otras cosas por lo poco habituados que estamos a su aparición en escena. Algunos hasta se resisten a mencionarla y la prensa es un claro exponente de ello. Se trata de un caso de *tabú*, un término polinesio que se traduce por «lo prohibido» y que en su acepción en español alude también a aquello que ni siquiera se puede mencionar. La forma de muerte de un personaje público que se haya quitado la vida se oculta en los medios de comunicación tras eufemismos como «ha muerto en un trágico accidente», «muere tras una larga depresión» o se merodea con circunloquios, esquivando la mirada directa de la víctima, sin afrontar de forma clara que se trató de un suicidio. La sombra de la culpa o la acusación la desvela el propio lenguaje: en inglés se dice *to commit suicide* (cometer suicidio), con el eco etimológico de quien ha perpetrado un crimen. Minois afirma que históricamente el suicidio ha sido un tabú rodeado de silencio. «Ya fuera considerado una ofensa a Dios, una depravación moral propia de una mente irrespetuosa con los valores establecidos, una debilidad mental, o una plaga ligada a la anarquía libertaria y el materialismo —o a la beatería excesiva—, era, en todo caso, considerado como una enfermedad de la mente, de la conciencia y de la sociedad.»[26] La cuestión es averiguar cuánto queda de todo eso, y la respuesta no se aventura muy reconfortante.

---

26   Minois, *op. cit.*, p. 320.

Una tradición histórica que le otorgó un papel marginal, pecaminoso y criminal, unida a la naturaleza contagiosa dictaminada por la visión científica, han forjado un pacto social de silencio que sigue siendo tan efectivo como en los tiempos en que la persecución judicial y la represión eclesiástica lo convirtieron en tabú. El enfoque moderno del contagio sigue ejerciendo en la actualidad todo su poder para acallar bocas y ocultar cadáveres, pero el hecho de que nuestra sociedad haya decidido, empecinadamente, mirar para otro lado no ha logrado frenar la escalada de suicidios. Como dice el autor de *The Savage God: A Study of Suicide* (*El dios salvaje: un estudio del suicidio*), «El suicidio ha calado en la cultura occidental como un tinte que no se puede lavar».[27]

Otra razón de fondo por la que muchas culturas han proscrito en mayor o menor medida el suicidio reside en el hecho de que esta conducta se vive como una crítica a la propia esencia social, un rechazo de los valores, las estructuras y las prioridades de un sistema compartido que una persona en particular desafía por razones privadas. La manera común de vivir se ve cuestionada por un individuo que se niega a plegarse a unos dictados socialmente admitidos. Como recoge con ironía la revista literaria *Vacaciones en Polonia*, «el suicidio es, así, un modo de desobediencia, una deserción».[28] El suicidio contradice la búsqueda de la felicidad y mina la confianza en sí misma de una sociedad que se siente culpable o, al menos, acusada. Aborrecido por todos, el suicida desafía además una construcción tan obstinada y universal como la religión, erigida como protección última y único consuelo ante la idea de la muerte. Los cimientos en los que se fundamenta el edificio religioso incorporan, necesariamente, ese

---

27   Al Alvarez, *The Savage God: A Study of Suicide*, Londres: Weidenfeld & Nicolson, 1971, p. 180.
28   Prof. Davamesk de Zakopane, «Suicidio, modo de usar», *Vacaciones en Polonia*, n.º 3, Madrid, 2007, p. 4.

temor a la muerte. Pero el acto suicida desmonta, de un solo disparo, ese entramado milenario de controles, entregas y sumisiones a cambio de la promesa de vida eterna. El suicida abraza voluntariamente lo que el resto de la humanidad se empeña en esquivar, como un espontáneo que se lanza enajenado al ruedo en busca de lo inevitable, ante la mirada atónita de un tendido que no da crédito. Si queremos detener esa loca carrera, es el momento de bajar al abismo del sufrimiento psíquico y abrir los ojos ante las formas en que lo estamos abordando o ignorando.

Capítulo IV

El dolor invisible

El problema de fondo del suicidio es, en la abrumadora mayoría de los casos, una cuestión de salud mental. Una vez identificada la herencia histórica que pesa sobre la cuestión; tras reparar en los factores principales que se le asocian y en sus repercusiones inmediatas; y después de valorar el tratamiento público que se hace de él, resta por identificar la forma en que se combate el foco originario de esta conducta y averiguar si se están tomando todas las medidas posibles para frenar su incidencia. Una mirada superficial sobre los datos que recogen la prevalencia de las afecciones mentales en la población, y la frecuencia con la que se procede a su tratamiento, es suficiente para advertir el bajo nivel de atención que reciben los trastornos psíquicos. El que fuera Secretario General de Naciones Unidas, Kofi Annan, nos recuerda que una de cada cuatro personas sufrirá de enfermedad mental en algún momento de su vida.[1] Pero lo que es realmente grave es que el 50% de los casos de depresión permanezca sin ser identificado y por supuesto, mucho menos, adecuadamente atendido, incluso en los países de rentas más altas.[2] Y como resultado de estas afecciones, en el curso de la

---

[1] Richard Sherer, «Mental Health Care in the Developing World», *Psychiatric Times*, vol. XIX, n.º 1, 1 de enero de 2002.

[2] *Investing in Mental Health*, informe del Departamento de Salud Mental, Ginebra: Organización Mundial de la Salud, 2003, p. 43.

vida, una de cada tres personas puede presentar ideas suicidas.³ Sería simplemente intolerable que cualquier forma de afección física padeciera estos niveles de desatención. Pero en lo relativo a la salud mental se repiten estas cifras incluso en lugares como España, donde las víctimas mortales de la depresión suman nada menos que el doble que las del sida, mientras las medidas de prevención del suicidio reciben bastante menos atención que el riesgo de infección por VIH. La población de menor edad tampoco está a salvo de esta eventualidad y si reparamos en los datos de la Encuesta Nacional de Salud averiguamos que el 22% de los niños de 4 a 15 años presenta riesgo de mala salud mental; y la OMS advierte de que en 2020 este tipo de trastornos podrían incrementarse en un 50% a nivel mundial.⁴

No queremos ser conscientes de que esta negligencia con nuestro padecimiento psíquico se paga con la vida con una frecuencia escalofriante. Como ya hemos visto, los más altos organismos sanitarios relacionan casi la totalidad de los suicidios con algún tipo de afección psicológica. Las cifras indican que la mayoría de los casos están relacionados con afecciones mentales en grado de neurosis y solo aproximadamente una décima parte de las víctimas llegan a padecer psicosis en una proporción que ha sido constante a lo largo de los últimos años. A pesar de la contundencia de los datos, algo nos frena a la hora de buscar tratamiento y ayuda: el trastorno emocional se identifica con debilidad, fragilidad y

---

3   Pere Antoni Soler Insa y Josep Gascón Barrachina, *Recomendaciones terapéuticas en los trastornos mentales*, Comité de Consenso de Catalunya en Terapéutica de los Trastornos Mentales, Barcelona: Ars Médica, 2005.
4   *Els problemes de salut infantil, tendències en els països desenvolupats*, Observatorio de Salud de la Infancia y la Adolescencia Faros, Barcelona: Hospital Sant Joan de Déu, Universidad de Barcelona, septiembre de 2008.

derrota. La negación es frecuente y el resultado es la negligencia con nosotros mismos. Quizás el omnipresente sentimiento de culpabilidad de la cultura judeocristiana occidental o la esencia de nuestra propia estructura psíquica nos impiden concebir que muchos de los sufrimientos psíquicos que nos asaltan a lo largo de la vida se pueden aliviar y hasta llegar a desaparecer con la terapia adecuada. Percibimos la afección psíquica como un dolor negro que lo inunda todo, consustancial al ser; y desconocemos cuáles son los recursos a nuestro alcance para tratarla, en parte por simple ignorancia y en parte por esa actitud negadora que nace de la ocultación defensiva ante el prejuicio ajeno. Mientras atendemos hasta los más nimios padecimientos físicos asistidos por el ejército sanitario occidental, sorprendentemente, aún relegamos a un lugar vergonzante todo lo referido a lo psíquico.

Es tal el miedo que despierta el descontrol de la razón que preferimos ignorar que existe un mundo inconsciente que no gobernamos. La cultura de la ciencia y el triunfo de la modernidad cartesiana hace tiempo que desplazaron al rincón de los desprestigiados a la religión y la superstición. Pero este cambio revolucionario dejó un vacío de recursos para manejar el mundo interno y, desde entonces hasta ahora, nuestra sociedad aún no ha desarrollado la capacidad de hacerse cargo de sus propios fantasmas de una forma efectiva y serena. Y la vía más razonable para abordar el conocimiento profundo del individuo —el camino descubierto por la psicología y el psicoanálisis hace ya más de un siglo— se encuentra supeditada al dictado de la industria farmacéutica, que es la solución ofrecida a nueve de cada diez pacientes que acuden a la consulta médica aquejados de depresión.[5] A la perspectiva bioquímica se suma la preferencia promocionada por nuestra

---

[5] Shankar Vedantam, «Against Depression, a Sugar Pill Is Hard to Beat», *The Washington Post*, 7 de mayo de 2002, p. A-01.

cultura de las apariencias y por el frenético hipermaterialismo contemporáneo, que proponen abordar los traumas y frustraciones de fuera hacia adentro, desde lo visible hacia lo sensible. Damos preferencia a la posibilidad de pasar por una sala de operaciones antes que acudir a la consulta de un psicoterapeuta. Hemos querido creer que seremos más felices esculpiendo nuestra nariz o estirando nuestra piel que intentando conocer las causas profundas del desasosiego que nos invade. Y luego averiguamos que las mujeres que se someten a un aumento de pecho se suicidan tres veces más.[6] Son los riesgos de trabajar la autoestima solo en el quirófano, pero esa es la concepción dominante, la misma que nos empuja a tratar nuestras angustias como catarros que se alivian con una píldora por la mañana y otra por la noche.

Resulta también atractivo concebir el funcionamiento de nuestro enigmático cerebro como el de un ordenador susceptible de ser reprogramado a voluntad cuando se produce un fallo de funcionamiento. La psiquiatra Ana Patricia Vázquez, coordinadora de la Unidad de Salud Mental del hospital de Baza (Granada), recurre a este símil para explicar el nuevo auge del electroshock como terapia para pacientes con depresión: «Es como cuando nuestro ordenador se bloquea y optamos por darle al botón de apagar para luego encender».[7] Esa visión mecanicista justifica que se descarguen hasta cuatrocientos voltios en el cerebro, sin que se sepa muy bien cómo le funcionará la memoria al paciente cuando recupere la consciencia. Y es que todo sería más fácil si las oleadas

---

[6] Loren Lipworth, «Excess Mortality from Suicide and other External Causes of Death among Women with Cosmetic Breast Implants», *Annals of Plastic Surgery*, vol. 59, n.º 2, agosto de 2007, pp. 119-123.

[7] Loles Silva, «Vuelve el electroshock, una terapia revolucionaria para pacientes con enfermedades mentales», *EcoDiario*, 17 de julio de 2008.

de emociones y los sentimientos que nos inundan se controlaran resolviendo una ecuación de neurotransmisores y genes, pero además de ser un enfoque equivocado se trata de un empeño inútil, porque nuestra propia humanidad desborda las costuras del perfecto traje biológico en el que están tratando de embutirnos los que tienen algo que ganar en el proceso. Y la estadística de quienes buscan su propio fin espoleados por un sufrimiento psíquico es una señal de alarma que no se puede ignorar por más tiempo. Nuestra sociedad aún no ha aprendido a profundizar en este tipo de afecciones y a dedicarles la atención que requieren y, como individuos, tampoco estamos preparados para identificar nuestro malestar psíquico y hacernos cargo de él. En un mundo *medicalizado*, en el que cualquier trastorno encuentra un remedio a la venta, nuestras afecciones psíquicas se encuentran más anestesiadas que nunca, pero tan desasistidas como siempre. Las depresiones y las neurosis se disfrazan y se ocultan, se las considera molestas disfunciones bioquímicas que hay que disimular en la esfera pública. Y mientras hablamos sin pudor de las secuelas de un accidente o del tratamiento de un cáncer, nos abochornamos de reconocer que, por esos mismos acontecimientos o por cualquier otra causa, podemos necesitar ayuda psicológica.

El imperio de la serotonina

El auge de los psicofármacos como método estrella para atender nuestras afecciones psíquicas comienza en los años sesenta, fecha de la que data la comercialización de las primeras píldoras antidepresivas. Antes de esa fecha se pensaba que la depresión clínica era un problema extremadamente raro y por eso las compañías farmacéuticas se habían mantenido alejadas de ese campo, porque estimaban que no se podía hacer negocio con la venta de psicofármacos. Como recoge Carl Elliot: «la depresión, se pensaba, era demasiado poco corriente».[8] A mediados de los cincuenta ya se había descubierto el primer fármaco antidepresivo moderno, la imipramina, comercializado como Tofranil y fabricado por Geigy. Pero la compañía farmacéutica decidió entonces no lanzarlo al mercado inmediatamente. Entre otras dificultades, se planteaban si el mercado sería receptivo a la aparición de un antidepresivo, pues la depresión no era entonces un concepto demasiado conocido. Finalmente saldrá al mercado a principios de los sesenta, coincidiendo con la publicación en la revista *Nature* de un artículo divulgativo sobre el tema. Asimismo, Merck descubre en esos años otra molécula con efectos antidepresivos y también condiciona su comercialización a un plan simultáneo de difusión del concepto de depresión. Los fabricantes decidieron que antes de vender el antidepresivo tenían que «vender» la depresión. Y para ayudar al paciente potencial a identificar su malestar como la enfermedad emergente, los laboratorios farmacéuticos se encargaron de informarles a este respecto. La estrategia elegida por Merck consistió en comprar 50.000 ejemplares de un libro de Frank Ayd titulado *Cómo reconocer al paciente depresivo* (1961), que instruía a los médicos de cabecera sobre cómo diagnosticar la depresión, y distribuirlos por todo el mundo. Y su producto —la amitriptilina— se convirtió en el primer antidepresivo consumido en cantidades significativas.[9]

Así comenzó una escalada de ventas que en la actualidad alcanza cientos de millones de envases anuales. Y una difusión del concepto de depresión que ha ayudado a identificarla, de entre todas las afecciones psíquicas, como la mani-

---

[8] Carl Elliot, *Better than Well. American Medicine Meets the American Dream*, Nueva York: W. W. Norton & Company, 2003, p. 123.

[9] Ibíd., p. 123.

festación más frecuente; hasta el punto de afectar a una de cada seis personas en algún momento de su vida, provocando desesperación, baja autoestima, desmotivación e incluso sentimientos suicidas. Una forma fácil —quizá demasiado— de diagnosticar y medir la gravedad de la depresión consiste en cumplimentar el test de la Escala de Depresión de Hamilton, un cuestionario de 17 o 21 preguntas que pueden sumar un máximo de 50 y 62 puntos, respectivamente. Las respuestas prefijadas a cada pregunta tienen asignada una puntuación, y un total de más de 18 puntos revela indicios de depresión severa. Tan pronto como el paciente empieza a sumar más de 8 puntos en el test de Hamilton, los médicos recurren a la medicación, prescriben pastillas antidepresivas y muchos pacientes las exigen como el calmante imprescindible para amortiguar la menor indisposición. A más puntos, más dosis; con la finalidad de normalizar los niveles de la química cerebral que afectan al ánimo, tan sencillo como eso.

En las últimas décadas hemos sido testigos de la emergencia y el apogeo de una ciencia empeñada en la reparación química de las emociones. Y de la mano del tratamiento ha corrido pareja una multiplicación en la consulta y el diagnóstico médico de afecciones psíquicas de todo grado. En los diez años posteriores a 1987, fecha de inicio de la comercialización del Prozac, se recetaron, tan solo en Estados Unidos, 80 millones de antidepresivos y se triplicaron las visitas al médico por depresión. En el mundo, alrededor de 150 millones de personas consumen antidepresivos, entre ellos, 17 millones de niños. En nuestro país, los antidepresivos son el tercer grupo de medicamentos más vendidos, según datos de 2006 facilitados por el Ministerio de Sanidad. En la última década su consumo se ha triplicado. Si en 1995 se despacharon unos 7 millones de envases, al término de 2007 esa cifra había crecido hasta superar los 24 millones. La buena noticia es que la promoción de los nuevos psicofármacos está ayudando a diagnosticar las afecciones de millones de personas que sufrían trastornos del ánimo ajenos a la existencia de posibles soluciones. La mala, que se les está tratando con unos métodos más que cuestionados.

Y es que hoy resulta difícil resistirse a la posibilidad de resolver las angustias de la vida, porque ni siquiera hay que llegar a manos del especialista. Entre un 60% y 75% de los psicofármacos son recetados por el propio médico de cabecera, sin la opinión de un especialista, y la mayoría de los diagnósticos de depresión se hacen en el tiempo récord de menos de tres minutos.[10] Así se producen paradojas como la que relata una empleada de banca de cuarenta años cuya hermana se acababa de suicidar, cuando acude a la consulta de su médico para mitigar un sufrimiento que le impedía hacer vida normal: «En lugar de hablar conmigo, el médico me recetó Prozac. Pero tuve una reacción adversa —el medicamento me hacía tener un sentimiento permanente de aprensión—. Entonces me dijo que las pastillas no estaban funcionando porque yo no estaba lo suficientemente *deprimida*».[11]

El fulminante éxito en la difusión de los psicofármacos de la familia de Prozac y sus sucesores —inhibidores selectivos de recaptación de serotonina o IIRS— se basa en la afirmación de que una escasez del neurotransmisor conocido como serotonina es la causa de la depresión, un supuesto que algunos autores comparan con afirmar que los dolores de cabeza surgen por falta de aspirina.[12] La depresión ha sido redefinida por la farmacología como una enfermedad causada

---

[10] Jerome Weeks, «Don't be happy, worry», recogido de la publicación cultural electrónica norteamericana www.salon.com, del 28 de enero de 2008.

[11] Carla Fine, *No Time to Say Goodbye. Surviving the Suicide of a Loved One*, Nueva York: Broadway Books, 2000, p. 166.

[12] Frederick C. Crews, «Talking Back to Prozac», *The New York Review of Books*, vol. 54, n.º 19, 6 de diciembre de 2007.

por desequilibrios en los componentes químicos cerebrales que regulan el estado de ánimo. Desde esta perspectiva, poco importan cómo las vivencias de una persona hayan influido en su estado anímico, ni cómo se haya conformado su estructura psíquica desde la infancia. Se desprecia el hecho de que las afecciones psicológicas están entroncadas con las experiencias vitales, con cuestiones como la carencia de afecto o el abandono, la autoestima o el deseo de ser queridos. Y por el camino dejamos de lado lo que nos hace más profundamente humanos, nuestro bagaje psíquico, nuestros deseos inconscientes, las frustraciones, los traumas y los sueños que nos han hecho como somos. Todo se reduce a un flujo y reflujo de neurotransmisores que ocasionalmente se desbordan o escasean, provocando «imbalances químicos». Y se afirma con convicción que esos desequilibrios bioquímicos no son consecuencia del estado anímico, sino la causa desencadenante. Este diagnóstico tan tajante como fácil de tratar —mediante la simple reparación de esos «flujos neuronales»— despacha a los psiquiatras, psicólogos y psicoanalistas que no abracen la nueva religión química. Freud pudo haber sido el gran estudioso del inconsciente, pero el remedio para las afecciones psíquicas es marca registrada del laboratorio Eli Lilly, fabricante del antidepresivo estrella.

La noticia de que nuestro cerebro no es más que una máquina que solo necesita estar suficientemente lubricada para funcionar fue extremadamente bien recibida por la sociedad. Esta concepción mecánica de la mente se apoya en los avances incuestionables de la neurocirugía. Si se recorta un tumor por aquí y se bloquea un neurotransmisor por allá, ya estamos listos para funcionar, ironiza Jerome Weeks.[13] A la promesa de reparación inmediata de todo tipo de traumas, angustias y dolores profundos del alma que los pacientes

---

13   Weeks, *op. cit.*

aplaudieron con tanto entusiasmo, se sumó el impulso de los beneficios multimillonarios que genera la comercialización de psicofármacos a gran escala. La opción de la psicoterapia, por el contrario, nunca ha sido apoyada por ningún megaconglomerado capitalista. Los profesionales del psicoanálisis y la psicología tienen poco que hacer frente a una industria organizada que promueve soluciones rápidas, frente a las redes mundiales de distribución y *marketing*, frente a la colaboración solícita de profesionales motivados por los parabienes de las todopoderosas farmacéuticas que avalan la solución química. Nada de dos visitas a la semana, nada de rebuscar en nuestra infancia, nada de confiar en la experiencia de un analista que puede resultar un charlatán en busca de nuestro dinero. Es mucho más fácil tomar una pastilla con un vaso de leche antes de dormir, aunque nos deje impotentes o frígidas y con «baja afectividad», o sea, desprovistos de emociones durante meses o años. La aparente eficacia y velocidad con la que estos nuevos medicamentos resuelven las afecciones hacen que los psicoterapeutas, siempre cuestionados y objeto de la desconfianza popular, pierdan aún más protagonismo en el tratamiento de la salud mental al tiempo que se multiplican los diagnósticos de neurosis varias. Ese es el caldo de cultivo para la construcción de lo que Barber denomina en su libro el «imperio de la serotonina».

El seductor reduccionismo químico en el que se empeña la lógica psiquiátrica y farmacéutica se ve refrendado por el poderío de colosos económicos como Big Pharma, expresión con la que se denomina a los treinta mayores laboratorios farmacéuticos del planeta, un selecto club donde el requisito es sobrepasar los 3.000 millones de dólares de ingresos anuales y entre cuyos miembros solo los diez mayores controlan el 50% de los medicamentos del mundo. El poder de este megaconglomerado es imparable y, como ejemplo de su estilo de funcionamiento, el psiquiatra Daniel Carlat escribió un revelador artículo publicado en *The New York Times* contando su experiencia de primera mano como representante del laboratorio responsable de un antidepresivo. Se trataba de promocionar las bondades de otro de los productos de mayor éxito en la nueva generación de psicofármacos, Effexor, destinado a aumentar los niveles de serotonina y de norepinefrina como medio de curar la depresión. Carlat relata con detalle cómo fue *captado* y seducido por las suculentas recompensas directas e indirectas de la industria para promocionar el nuevo medicamento, y cómo llegó a verse a sí mismo en sus exposiciones como visitador médico, minimizando los efectos secundarios de los que era consciente para seguir recibiendo las generosas pagas por el trabajo de promoción. Aquejado de problemas de conciencia, una vez que se decidió a informar abiertamente en sus visitas de los posibles riesgos que implicaba el uso del medicamento, el laboratorio lo despidió de inmediato.[14]

Afortunadamente, cada vez son más las voces que se alzan contra estas prácticas, a pesar de la dificultad para encontrar financiación para estudios que cuestionan la eficacia de medicamentos de grandes laboratorios. En los últimos años han aparecido numerosos libros denunciando los excesos y abusos de la omnipotente industria farmacéutica y la llamada *psiquiatría tóxica*, con títulos tan reveladores como *Cómodamente atontados: cómo la psiquiatría está medicando a una nación*, de Charles Barber, o *Felicidad Artificial: el lado oscuro de la nueva Clase Feliz*, de Ronald W. Dworkin. Las voces de los afectados por las consecuencias indeseables de los psicofármacos se dejan oír en todos los soportes de los medios de comunicación y la crítica hacia este tipo de tratamientos crece en la misma medida que aumenta su consumo.

---

14   Daniel Carlat, «Dr. Drug Rep», *The New York Times*, 27 de noviembre de 2007.

El remedio equivocado

Ante la creciente concienciación social que promueve la crítica a estos métodos de tratamiento de los trastornos del ánimo, resulta desconcertante saber que la propia industria farmacéutica maneja desde hace años información contrastada sobre la peligrosidad del consumo de los psicofármacos más populares. Después de que una extensa investigación demostrara que podría existir el doble de riesgo de suicidio en los niños y adultos jóvenes a quienes se les administraron antidepresivos, la FDA, la agencia del medicamento estadounidense, obliga desde hace unos años a que todos los antidepresivos conocidos como inhibidores selectivos de la recaptación de serotonina (ISRS) lleven en el prospecto una advertencia destacada en un recuadro negro para avisar a los consumidores de que su consumo puede inducir al suicidio. Esta advertencia reza literalmente: «Atención: Los antidepresivos incrementan el riesgo de pensamientos y conductas suicidas en niños, adolescentes y adultos jóvenes que tomen antidepresivos para tratar afecciones depresivas severas u otras afecciones psiquiátricas».

Prozac se encuentra entre los fármacos que deben llevar esta advertencia junto con otros antidepresivos populares como Wellbutrin, Cymbalta, Zoloft y Paxil. Asimismo, los anuncios de televisión que anuncian uno de estos psicofármacos advierten de viva voz sobre este posible efecto secundario, con el tono displicente con el que se podría recitar el riesgo de sarpullido. Y la realidad es que esta medida de advertencia ha sido tomada después de que se demostrara de manera fehaciente que un número significativo de personas, entre ellos numerosos niños y adolescentes, se han quitado la vida por el hecho de tratarse con estos medicamentos. Pero nos movemos en un mundo lleno de intereses económicos, en el que el dinero es capaz de ocultar daños colaterales que no solo incluyen insomnio, ansiedad, agitación y pesadillas, sino hasta la posibilidad de acabar con la propia vida,[15] un repertorio que abarca precisamente todos los problemas que se supone que deben resolver.

La relación entre un antidepresivo tan popular y consumido como el Prozac y los casos de suicidio fue desvelada a la opinión pública en 2005, aunque los fabricantes estaban al corriente de ello desde mucho antes. Según publicó el *British Medical Journal* en enero de ese año, la compañía farmacéutica Eli Lilly nunca dio a conocer unos documentos que cuestionaban la seguridad de su antidepresivo, a pesar de contar con esa información desde los años ochenta. Los documentos, que la revista afirmaba que le fueron enviados de forma anónima, incluían revisiones y memorias que indicaban que los directivos de Eli Lilly sabían que la fluoxetina o Prozac tenía efectos secundarios adversos, relacionados con comportamientos violentos, con intentos de suicidio y con suicidios consumados. La industria farmacéutica se conmocionó cuando se descubrió que se habían ocultado datos que demostraban que los antidepresivos de la familia Prozac aumentan el riesgo de conducta suicida, a pesar de que investigadores como el psiquiatra y psicofarmacólogo británico David Healy, autor del libro *Let Them Eat Prozac* (*Dejadles comer Prozac*), ya lo habían denunciado en el año 1991. En la actualidad, las demandas contra los grandes laboratorios se multiplican y casi todos ellos afrontan procesos criminales o

---

[15] Recientemente se han publicado nuevas recomendaciones sobre el uso prudente de estos medicamentos. Véase Robert D. Gibbons *et al.*, «Early Evidence on the Effects of Regulators' Suicidality Warnings on SSRI Prescriptions and Suicide in Children and Adults», *American Journal of Psychiatry*, vol. 164, n.º 9, septiembre de 2007, pp. 1356-1363, y Gonzalo Laje *et al.*, «Genetic Markers of Suicidal Ideation Emerging During Citalopram Treatment of Major Depression», *American Journal of Psychiatry*, vol. 164, n.º 10, octubre de 2007, pp. 1530-1538.

civiles por promocionar medicamentos de forma masiva y por haber llevado a la muerte a innumerables pacientes. También se critica la voracidad mercantil de laboratorios como GlaxoSmithKline —fabricante de Paxil—, que convirtió sin reparo los ataques del 11 de septiembre americano en una gran oportunidad de *marketing*, haciendo que sus anuncios florecieran por doquier tras los atentados.

Pero es que, además de los peligrosos efectos secundarios a los que se exponen los consumidores de estos medicamentos, el fundamento de sus supuestas bondades también ha sido cuestionado en otros estudios recientes, que afirman convencidos que los placebos funcionan igual que las peligrosas píldoras. Ya en 2002, una investigación publicada en una revista tan especializada como *The American Journal of Psychiatry* afirmaba que entre un 50% y un 75% de la eficacia de los antidepresivos se debía al llamado efecto placebo.[16] Y así lo recogía la prensa internacional en aquel momento: «Tras miles de estudios, cientos de millones de recetas y decenas de billones de dólares en ventas, hay dos cosas que están claras: los antidepresivos como Prozac, Paxil y Zoloft funcionan. Y también lo hacen las píldoras de azúcar. Un nuevo análisis ha descubierto que, en la mayoría de las pruebas realizadas por las compañías farmacéuticas en las últimas décadas, las píldoras de azúcar han funcionado igual de bien —o mejor— que los antidepresivos».[17] La mayoría de las investigaciones con antidepresivos han demostrado que los placebos mejoran el humor e influyen en la química cerebral. Según estos estudios, los pacientes tratados con hipérico o hierba de San Juan —un remedio antidepresivo vegetal— se repusieron del todo en un 24% de los casos; el

---

[16] Andrew F. Leuchter *et al.*, «Changes in Brain Function of Depressed Subjects During Treatment With Placebo», *The American Journal of Psychiatry*, n.º 159, enero de 2002, pp. 122-129.

[17] Shankar Vedantam, «Against Depression, a Sugar Pill Is Hard to Beat», *The Washington Post*, 7 de mayo de 2002, p. A-01.

antidepresivo Zoloft curó al 25% de la muestra; pero el placebo llegó sorprendentemente aún más lejos, sanando completamente al 32% de los pacientes. Los investigadores dicen que los resultados sugieren que se ha sobreestimando el poder de las pastillas antidepresivas y que los mayores beneficios de la medicina pueden provenir del cuidado y la atención procurada a los sujetos durante los ensayos clínicos. El participante medio en una prueba de ocho semanas pasaba unas veinte horas siendo examinado por expertos y cuidadores altamente especializados, afirma el psiquiatra Arif Khan, que ha estudiado el efecto placebo en las pruebas remitidas a la FDA. Durante todo ese tiempo, a todos los pacientes —incluidos aquellos a los que les daba píldoras de azúcar— se les preguntaba con detalle cómo se sentían y se registraban todos los cambios psicológicos observados. En comparación con este seguimiento, el doctor Kahn destaca que la media de tiempo de atención médica que recibe un paciente que sufre depresión en las consultas ordinarias es de veinte minutos al mes.[18] A esa misma conclusión llegó también el profesor Irving Kirsch, investigador dedicado a comprobar la eficacia de los psicofármacos, quien afirmaba recientemente que los efectos de la nueva generación de antidepresivos están por debajo de los criterios recomendados para demostrar su eficacia clínica. Su investigación evidencia que no hay virtualmente diferencia alguna en las escalas de mejoría entre los medicamentos analizados y el placebo en pacientes con depresión moderada, y solo una pequeña diferencia clínicamente insignificante entre pacientes con depresión muy severa.[19] A raíz de la investigación de Kirsh a comienzos de 2008, la prensa generalista lanzaba de nuevo este titular demo-

---

[18] Ibíd.
[19] Irving Kirsch *et al.*, «Initial Severity and Antidepressant Benefits: A Meta-Analysis of Data Submitted to the Food and Drug Administration», *PLoS Medicine*, 26 de febrero de 2008.

ledor: «El Prozac es solo placebo».[20] El periódico recogía los datos que demostraban que los antidepresivos más populares no sirven para combatir depresiones leves ni moderadas. Ni la fluoxetina —que ya no es exclusiva de Prozac, porque se ha convertido en un genérico— ni los otros dos antidepresivos más vendidos, la venlafaxina (Effexor) y la paroxetina (Serotax, conocida también como píldora de la timidez), tienen utilidad alguna en esos casos, según el estudio en el que los autores apelan directamente a la restricción de la prescripción de antidepresivos. Y tanto más si se tiene en cuenta que más de cincuenta millones de personas en el mundo toman Prozac, y resulta que no sirve para más de lo que sirve un placebo en la gran mayoría de los casos. Otros estudios de Kirsch coinciden en que en el 80% de los casos los resultados que provoca tomar un placebo son los mismos que los que provocan seis de los más famosos antidepresivos: Prozac, Paxil, Zoloft, Effexor, Serzone y Celexa.[21] A raíz de estas evidencias, el Ministerio de Sanidad del Reino Unido decidió hace poco promocionar claramente otras formas de terapia alternativas al consumo generalizado de psicofármacos. Para ello puso en marcha un plan de 170 millones de libras destinado a la formación de 3.600 nuevos psicoterapeutas que se hicieran cargo del bienestar psíquico de los británicos, alejándolos de las falsas promesas químicas.[22]

Se ha demostrado que tomar una pastilla compuesta por sustancias tan inertes e inocuas como glucosa, lactosa o celulosa provoca los mismos beneficios que el consumo de

---

[20] Mónica L. Ferrado, «El Prozac es solo placebo», *El País*, 27 de febrero de 2008, p. 43.
[21] Irving Kirsch, Thomas J. Moore, Alan Scoboria y Sarah S. Nicholls, «The Emperor's New Drugs: An Analysis of Antidepressant Medication Data Submitted to the U.S. Food and Drug Administration», *NAMI National Alliance for the Mentally Ill.*, vol. 5, art. 23, 15 de julio de 2002.
[22] Sarah Boseley, «Army of therapists to push aside pills for depression», *The Guardian*, 27 de febrero de 2008.

antidepresivos, sin sus peligrosísimos efectos secundarios. Y resulta que el simple hecho de que un profesional de la salud preste atención a los síntomas que relata un paciente que se acerca a la consulta con rasgos depresivos mejora su sintomatología, según explica también Javier Meana, catedrático de Farmacología. «Si en la consulta al paciente le dedicas tiempo, le explicas qué ocurre, le escuchas y le das una cápsula que no tiene nada, también obtienes un efecto terapéutico», añade. «Sin embargo, actualmente el sistema sanitario no dispone de tiempo, es más barato recetar que dar explicaciones.»[23] Ante estas evidencias, está claro que si tan solo la escucha básica de los síntomas del paciente reporta beneficios, ese es el camino que la sanidad debería reforzar, como han hecho los británicos. Es cierto que los antidepresivos pueden funcionar puntualmente para calmar la angustia, como anestésicos y sedantes, como lenitivos para la angustia vital, y pueden ser recomendables en periodos pasajeros de malestar extremo, siempre con el seguimiento de un profesional especializado, pero en ningún caso inciden sobre la raíz del problema. Su uso indiscriminado se está cobrando un precio demasiado alto por conseguir, en el mejor de los casos, tan solo adormecer los síntomas. Se ha dicho que esta medicación tiene el mismo sentido que tratar con analgésicos indefinidamente a quien ha sufrido una fractura de hueso. La química puede aminorar el dolor, pero no cierra la herida. Además, entraña otro riesgo añadido, ya que no hay que olvidar que un altísimo porcentaje de los suicidas utilizan para quitarse la vida la propia medicación antidepresiva que les ha sido recetada, ingerida en dosis masivas. No deja de ser una amarga paradoja que las pastillas que supuestamente tendrían que solucionar los problemas son las que acaben matando.

---

[23] Mónica L. Ferrado, «El Prozac es solo placebo», *El País*, 27 de febrero de 2008, p. 43.

Pero, a pesar de todo, la práctica psicoanalítica y la psicoterapia en general no acaban de encontrar el respaldo sanitario que deberían, probablemente porque ningún gran grupo empresarial se empeña en su promoción. Las sesiones de psicoanálisis no se pueden producir a gran escala, ni distribuirse internacionalmente a través de grandes campañas de *marketing* y publicidad. Su práctica requiere de un tiempo y una voluntad de profundizar en uno mismo que se encuentra en las antípodas del modelo de vida rápida y epidérmica en el que nos hallamos inmersos. Su «producto» no encaja bien en la lógica del mercado globalizado y su perspectiva choca con los valores más promocionados por el materialismo radical de la sociedad contemporánea, para el que todo es susceptible de ser reducido a términos físicos, tangibles y visibles. Frente al gran negocio de las píldoras de la felicidad, el enfoque de los profesionales de la psicología o el psicoanálisis no es susceptible de una mercadotecnia global. Pero las investigaciones demuestran, al contrario de lo que sucede con la química, que la psicoterapia a largo plazo sí que es efectiva como tratamiento de la depresión. Es más cara, es más lenta, pero funciona. Las compañías de seguros no lo suelen cubrir y las farmacéuticas no patrocinan investigaciones en esta área, porque no tienen nada que ganar. Por eso no es el recurso prioritario de la sanidad, pero se demuestra como el más efectivo y seguro.[24] Y es que el trayecto para llegar a descifrar las emociones que nos dominan es más largo y más imbricado de lo que la posología farmacéutica pretende hacernos creer. La introspección, el análisis guiado por un buen profesional y una sensibilidad atenta a nuestro mundo interno son recursos que nos permitirán llegar hasta el fondo de nosotros mismos o, al menos, conocernos lo suficiente para manejarnos con

---

[24] Nicholas Bakalar, «Long-Term Therapy Effective in Bipolar Depression», *The New York Times*, 10 de abril de 2007.

acierto. Pero en temas de salud y bienestar estamos tan habituados a la comodidad de la píldora de acción inmediata y a los prodigios fulminantes del corta-y-pega quirúrgico que ya no se contempla la posibilidad de esforzarse para conseguir un avance. La terapia lenta, la rehabilitación tediosa y dolorosa del cuerpo o del ánimo requieren una actitud que no está en sintonía con nuestra época exprés. Si además los resultados que se obtienen son subjetivos y no resultan visibles ni cuantificables en una analítica, la lista de posibles candidatos se reduce aún más.

Hay una última evidencia luctuosa de que las soluciones que propone la medicina actual a las afecciones psíquicas y al sufrimiento que puede llevar hasta el suicidio no están funcionando ni para los propios promotores de este enfoque. Resulta que, de todas las profesiones, los médicos son el grupo laboral con el porcentaje de suicidio más alto,[25] duplicando la media de la población general. Entre las causas que se suman para explicar este fenómeno se tienen en consideración los horarios de los profesionales de la salud, las consecuencias que estas exigencias tienen en sus vidas personales y en sus relaciones afectivas y también el mayor conocimiento y acceso a sustancias potencialmente mortales. Pero expertos en la materia afirman que la depresión no diagnosticada y no tratada es la responsable última de esta casuística.[26] Los médicos sufren de depresión tanto como el resto de sus conciudadanos, pero buscan tratamiento con menos frecuencia y además suelen tratarse a sí mismos cuando tienen problemas, sin obtener los resultados deseados. Los prejuicios profesionales

---

[25] *Preventing Suicide A Resource For Primary Health Care Workers*, Ginebra: Informe del Departamento de Salud Mental, Organización Mundial de la Salud, 2000.
[26] Charles Reynolds, «Confronting Depression and Suicide in Physicians», *Journal of American Medical Association*, vol. 289, n.º 23, 18 de junio de 2003.

hacen que les preocupe la posibilidad de que un trastorno del ánimo les haga perder credibilidad o respeto; el responsable de cuidar de los demás no se permite a sí mismo padecer una afección de este tipo, asociada a debilidad y relacionada aún con un absurdo estigma. En la adopción de esta postura es determinante la imagen que los médicos tienen de sí mismos; una imagen en la que no encaja la idea de solicitar ayuda a profesionales de otros ámbitos. Resulta además sintomático que, de todas las especialidades, sean los psiquiatras los que con más frecuencia se suicidan, una razón más para cuestionar si el hegemónico enfoque químico de la nueva biopsiquiatría es el más efectivo y si, frente al consumo creciente de psicofármacos, no habría que dar más crédito a los buenos resultados demostrados por la psicoterapia. Algo falla cuando las personas de las que depende nuestra salud son las primeras en rechazar algunos de los principales recursos para mejorar los trastornos del ánimo. Esta realidad ha promovido recientes investigaciones académicas, reportajes de prensa en revistas como *Newsweek* y *Der Spiegel*,[27] y ha llevado incluso a la producción del documental *Struggling in Silence: Physician Depression and Suicide*, realizado por la televisión pública estadounidense en 2008. Todas estas investigaciones reflexionan sobre la alarmante incidencia del suicidio entre los médicos y tienen como objetivo último elevar el nivel de concienciación de los profesionales de la medicina con respecto a la importancia de la depresión y los trastornos psicológicos, de forma que puedan reconocer los síntomas en sí mismos y también en sus pacientes, y tratarlos de la forma adecuada.

---

[27] David Noonan, «Doctors Who Kill Themselves», *Newsweek*, 28 de abril de 2008, y Samiha Shafy, «Kranke Heiler», *Der Spiegel*, n.º 43, 20 de octubre de 2008, pp. 160-162.

SITUACIONES LÍMITE

Si este es el panorama que se vive en los países con niveles de renta y educación más altos y con mejor atención sanitaria, no es difícil imaginar cuál será la situación en el resto del mundo. Paradójicamente, se ha generalizado la idea de que entre las poblaciones con menos recursos no existe sufrimiento psíquico. Quienes visitan países donde las condiciones económicas no alcanzan los niveles de subsistencia vuelven indefectiblemente convencidos de que, a pesar de carecer de recursos esenciales, esas personas que viven en la escasez son más felices que los privilegiados occidentales. No es descabellado pensar que la desposesión y la urgencia de supervivencia reordenan las prioridades existenciales y que en situaciones de escasez material las prioridades se transforman, pero de ahí a negar el sufrimiento psíquico de quienes carecen de lo básico media un abismo. Diversos organismos internacionales como la OMS o la Wellcome Trust se están preocupando por elevar los niveles de atención profesional en cuestiones de salud mental en países desfavorecidos: «Desde hace tiempo estos padecimientos son considerados como afecciones occidentales, enfermedades solo de los ricos. Sin embargo, estudios recientes encontraron que son igual de comunes en los países pobres, con tasas de hasta el 20%».[28] Con ayuda de la organización médica caritativa Wellcome Trust, el doctor Vikram Patel ha estudiado la estrecha relación que existe entre la enfermedad mental y la pobreza y las desventajas sociales. En un libro titulado *Donde no hay psiquiatra*, pone en evidencia que el acceso a la atención a la salud mental y el número de profesionales de esta rama es extremadamente escaso en países de rentas bajas.[29] Un ejemplo:

---

[28] David Kohn, «Program trains laypeople to treat depression in India», *International Herald Tribune*, 11 de marzo de 2007.
[29] Vikram Patel, *Where There is No Psychiatrist: A Mental*

en Zimbabwe solo hay diez psiquiatras para atender a once millones de personas. Los problemas de salud mental no han sido hasta ahora una prioridad en los países menos favorecidos económicamente, pero eso no quiere decir que la incidencia entre sus poblaciones sea menor. Antes bien, sucede todo lo contrario: un informe de la Organización Mundial de la Salud publicado en octubre 2001, titulado *Mental Health: New Understanding, New Hope*, recoge ideas muy distintas de las que la opinión pública ha difundido al respecto. Lejos de respaldar el postulado popular, la OMS afirma que las investigaciones demuestran que entre los pobres incluso se duplica la frecuencia de las afecciones psíquicas comparadas con los ricos. El doctor Derek Yach, también de la OMS, reitera que «investigaciones en Brasil, Zimbawe, India y Chile demuestran que cuanta más pobreza —medida en términos de hambre y niveles de deuda y educación— mayor es la prevalencia de los desórdenes mentales comunes». Se estima que la depresión es la principal causa de minusvalía en el mundo, pero que al no estar ni siquiera reconocida como una enfermedad grave en muchos países, hay pocos datos fiables sobre su incidencia en los países en desarrollo.

A través de un proceso deductivo similar y a partir del hecho de que la adversidad suele reforzar el deseo de vivir, se forjó la creencia de que los suicidas apenas existieron en los campos de concentración. El escritor Primo Levi, superviviente de Auschwitz, escribió sobre ello poco antes de morir tras caer por el hueco de la escalera de su casa de Turín, envuelto en la ambigüedad que provocan muchos suicidas, para que a sus familias les quede la posibilidad de aferrarse a la duda del accidente. En su obra *Los hundidos y los salvados* reflexionaba al respecto de la vida en un campo de concentración y recordaba que «el día era muy denso: uno tenía que

---

Health Care Manual, Londres: Gaskell, 2003.

pensar en satisfacer el hambre, en sacudirse de alguna forma el cansancio y el frío, en evitar los chivatazos. Precisamente por la inminencia constante de la muerte no había tiempo para concentrarse en la idea de la muerte».[30] Algunas investigaciones, basadas en informes de presos que sobrevivieron a los campos de concentración nazis, afirmaban también que el suicidio era raro en ellos. Pero quizá la idea de que el peligro de muerte revaloriza la vida en el caso del Holocausto sea solo una visión parcial, porque estudios recientes afirman que sucedía todo lo contrario. El testimonio de otros supervivientes del Holocausto contradice por completo la visión en positivo de la capacidad humana para sobreponerse al horror. El psiquiatra austriaco Viktor Frankl, que también sufrió los campos de concentración en primera persona, escribió ya en 1945 cómo había percibido, durante su estancia en Auschwitz y Dachau, que el acecho constante de la violencia radical física y psíquica tenía el efecto de una invitación generalizada al suicidio: «Lo desesperado de la situación, la amenaza de la muerte que día tras día, hora tras hora, minuto tras minuto se cernía sobre nosotros, la proximidad de la muerte de otros —la mayoría—, hacía que casi todos, aunque fuera por breve tiempo, abrigasen el pensamiento de suicidarse. Fruto de las convicciones personales que más tarde mencionaré, la primera noche que pasé en el campo me hice a mí mismo la promesa de que no "me lanzaría contra la alambrada". Esta era la frase que se utilizaba en el campo para describir el método de suicidio más popular —tocar la valla electrificada de alambre de espino—».[31]

Nuevos datos proporcionados por otros supervivientes del Holocausto y recogidos en el libro de David Lester *Suici-*

---

30   Primo Levi, *Los hundidos y los salvados*, Barcelona: Muchnik Editores, 1989, p. 76.
31   Viktor E. Frankl, *El hombre en busca de sentido*, Barcelona: Herder, 1996, p. 27.

de and the Holocaust permiten calcular que la tasa de suicidio en los campos era extremadamente alta, de 25.000 suicidios por cada 100.000 personas, o sea, mil veces más de lo que se considera una tasa de suicidio alta.[32] Otra investigación reciente también echa por tierra la creencia de que una vez finalizado su cautiverio infernal los supervivientes de los campos de concentración nazi tampoco se suicidaban por haber generado un gran apego por la vida. En un estudio realizado entre pacientes psiquiátricos israelíes se averiguó que «los supervivientes del Holocausto son tres veces más propensos a suicidarse que otros pacientes», según informaba en agosto de 2005 el diario israelí *Haaretz*, basándose en un estudio realizado por un hospital psiquiátrico del sur de Tel Aviv.[33] La investigación detectó que uno de cada cuatro de los pacientes que habían sobrevivido al Holocausto había intentado suicidarse, mientras que entre el resto solo lo hizo un 8,2%. El profesor Yoram Barak, del Centro de Salud Mental Abarbanel en Bat Yam, principal responsable del estudio, aseguraba que el mito de que los supervivientes no se quitaban la vida comenzó en 1947 con una conferencia del doctor Aharon Persikovitz, un ginecólogo de Tel Aviv que sobrevivió al campo de concentración de Dachau. En aquella conferencia, titulada *El estado psicológico de los Nuevos Inmigrantes*, Persikovitz afirmó que los supervivientes del Holocausto no se suicidaban porque sentían «una necesidad heroica de asegurar la continuidad del pueblo judío». Barak afirma que el mito fue aceptado sin cuestionamientos, porque era conveniente para la sociedad israelí. «Nadie quería pensar que los supervivientes del Holocausto padecían una angustia incurable.

---

[32] David Lester, *Suicide and the Holocaust*, Nueva York: Nova Science Publishers, 2006, p. 182.

[33] Yoram Barak *et al.*, «Increased Risk of Attempted Suicide Among Aging Holocaust Survivors», *American Association of Geriatric Psychiatry*, n.º 13, agosto de 2005, pp. 701-704.

Los supervivientes mismos también preferían que no los estigmatizaran como *enfermos, débiles y quebrados*». Esa postura «los mantenía alejados de analizar en profundidad la experiencia terrible del Holocausto, que reverbera hasta nuestros días», afirma Barak.

La habitual distorsión de la realidad a la que estamos acostumbrados contribuye a construir la imagen que tenemos de la afección mental y su tratamiento como un mal de ricos que necesitan ir al psiquiatra porque, sencillamente, se aburren. Idealizando los niveles de bienestar psíquico de los más pobres y los más castigados, no solo nos ahorramos el cargo de conciencia que supone disfrutar de unas ventajas palpables frente a las evidentes carencias de otros, sino que eludimos hacernos cargo de nuestra propia salud mental devaluándola como una cuestión superflua. Negar que los más desfavorecidos padezcan los mismos dolores psíquicos que los privilegiados implica, además, querer separar a la Humanidad en dos categorías de naturalezas diferentes. Es cierto que esa observación encierra también una admiración por la capacidad que tiene el ser humano para adaptarse a las situaciones más adversas y para desarrollar una vida afectiva sana incluso en condiciones de vida extremas, pero lo que a veces pretende ser un reproche ante una queja burguesa, una crítica al lamento vital de quienes despilfarran recursos que son básicos para otras poblaciones, se puede convertir en una negación de las afecciones psíquicas de los que más ayuda necesitan. Extender la teoría de que son inmunes a la depresión los países más expuestos a hambrunas recurrentes, epidemias devastadoras o guerras crónicas parece una idea extremadamente peligrosa, amén de errónea. Trivializamos el sufrimiento que genera la enfermedad mental como un mal exclusivamente occidental, pero la realidad es que ni siquiera la cobertura exhaustiva de recursos materiales, y hasta de lujos superfluos, es una protección capaz de amortiguar el mazazo de la afección psíquica que acecha tanto a los mejor pertrechados como a los desposeídos. En las sociedades basadas en el consumo quizás influya el hecho de que el umbral de satisfacción del deseo está situado tan alto que la felicidad resulta siempre inalcanzable. Esa insatisfacción rodeada de saturación evidencia que la salud mental tampoco se logra a base de conquistas materiales, sino que la lucha por conseguirla o mantenerla se libra en otro territorio. Ese terreno, aún por explorar, está en cada uno de nosotros. Conocemos al detalle los mapas y las rutas del mundo físico, pero nuestro mundo interno continúa en el dominio de la *terra incognita*. Y el camino para avanzar en las prioridades del siglo XXI pasa por dibujar esa cartografía.

La píldora de Drion

Un aspecto más puede ayudar a definir la consideración que atribuimos en nuestra sociedad al sufrimiento psíquico en relación con el suicidio. En una época en la que en muchos países se ha abierto el debate sobre la eutanasia, es interesante reflexionar sobre si las legislaciones emergentes contemplan entre los supuestos la posibilidad de que el sufrimiento psíquico sea causa de solicitud de muerte voluntaria. La idea de colaborar en la muerte de otro ser humano es lo suficientemente relevante como para merecer una discusión profunda, máxime cuando en ese escenario aparece un factor tan subjetivo y personal como el padecimiento emocional. Por ese motivo, esta cuestión ha planteado, de hecho, una compleja disquisición en los países en los que ya se ha aprobado la práctica de la eutanasia (Holanda y Bélgica) o el suicidio asistido (Suiza), y se perfila como un punto de especial discrepancia en aquellos otros lugares en los que se contempla su pertinencia, entre los que se encuentra España. En nuestro país —donde el ministro de Sanidad Bernat Soria anunció en 2008 la intención del Gobierno de abrir un debate que llevara en breve a la legalización de la eutanasia—,[34] el *Informe sobre la eutanasia y el suicidio asistido*, redactado por el Comité Consultivo de Bioética de Cataluña, descartaba de entrada la posibilidad de autorizar la eutanasia por motivos psíquicos. El texto recoge como el primer requisito que los expertos estiman necesario para que se pueda contemplar la posibilidad del suicidio asistido que, efectivamente, se determine la «presencia de enfermedad terminal (incurable y avanzada) o de patología incurable que provoca sufrimiento severo y que se prevé permanente»,[35] algo que teóricamente podría incluir el escenario provocado por una afección mental grave. Pero a renglón seguido se hace una salvedad que excluye a priori a cualquiera que sufra una enfermedad mental, especificando que en todos los casos de solicitud de suicidio asistido el médico «tiene que descartar cualquier afección psiquiátrica grave como causa de la petición».[36]

La eutanasia despierta la oposición de la mayoría de las personas que tienen convicciones religiosas, por considerar que el ser humano no es dueño de su propia vida, el mismo motivo por el que las religiones monoteístas condenan el suicidio. Los dogmas de fe serán determinantes cuando se trate del ámbito personal, pero en ningún caso se deben imponer desde fuera para coartar la libertad de elección de quien no comparte esas convicciones.

Por otro lado, la posibilidad de legalización de la eutanasia despierta otros fantasmas más concretos, la fantasía ma-

---

[34] «Tu cuerpo es tuyo, eso es socialista», *El País*, 7 de septiembre de 2008.

[35] Comitè Consultiu de Bioètica de Catalunya, *Informe sobre l'eutanàsia y l'ajuda al suïcidi*, Barcelona: Generalitat de Catalunya, 2006, p. 138.

[36] Ibíd., p. 139.

ligna de que su práctica puede degenerar en una especie de purga o selección darwiniana de los más fuertes, ensañándose con los más débiles, ancianos o enfermos. El término aún evoca la estrecha vinculación que hubo entre el régimen nazi y una perversión de esta práctica, vinculada directamente con la idea de *higiene racial* y el exterminio impune. Baste recordar que en 1939 Hitler firmó en secreto un *programa de eutanasia*, como se le denominó eufemísticamente, autorizando la puesta en práctica del asesinato de Estado, que protegía de posibles procedimientos penales en su contra a los médicos, el personal sanitario y los administradores que participaran en él. El nombre clave de aquella operación fue Aktion T4, en referencia a la dirección del edificio (Tiergartenstrasse, 4) en el que se encontraba la oficina que coordinaba el programa en Berlín. Se crearon seis instalaciones de gaseamiento como parte de un programa de depuración racial que incluía entre sus víctimas a niños y adultos con discapacidades, enfermedades hereditarias, anomalías físicas o enfermedades mentales. Simultáneamente, en Alemania, para difundir un mensaje propagandístico de esta práctica, se realizó una emotiva película, titulada *Yo acuso* (*Ich klage an*, Wolfgang Liebeneiner, 1941), en la que una mujer con esclerosis múltiple pedía a su amante esposo que acabara con su vida antes de que la enfermedad la destruyera. En la película, tras administrarle a su mujer un sedante letal, el marido es llevado a juicio. Durante el transcurso del proceso el propio acusado se rebela contra la autoridad y es él quien *acusa* a jueces y médicos de negarse a ayudar a quienes lo necesitan por su empeño en cumplir las normas y en defender la vida a toda costa. La historia acaba dejando pendiente el veredicto, para que sean los espectadores los que decidan, decantándose emocionalmente por la eutanasia. Diseñada como un instrumento de persuasión por el ministro de Propaganda Joseph Goebbels, la cinta cumplió con éxito su cometido de difundir el ambiguo mensaje de que *hay vidas que no merecen la pena ser vividas*, abriendo así la puerta al horror del asesinato indiscriminado de todo aquel a quien el régimen nazi considerara inferior o prescindible. Acabada la guerra, el Tribunal de Nuremberg calculó que el número total de víctimas de la mal llamada eutanasia nazi había sido de 275.000 personas. La abismal diferencia entre aquellos crímenes brutales y lo que las legislaciones actuales se plantean estriba, obviamente, en la voluntad del paciente. La distancia entre eutanasia y asesinato de Estado no puede ser mayor, y solo la perversa manipulación de un sistema como el régimen nazi fue capaz de mezclar ambos conceptos para que la confusión resultante ocultara sus fines siniestros.

Pero, con estos antecedentes tan cercanos, es comprensible que una asociación equívoca del término con aquella barbarie genere aún hoy recelos y rechazo, especialmente cuando se discute sobre la posibilidad de incluir en la legislación de la eutanasia el supuesto del sufrimiento psíquico. Un asunto tan relativo y aún tan poco dominado como la salud mental es tremendamente susceptible de sufrir un error de diagnóstico y es, de entrada, terreno abonado para la disensión. Pero si no hemos perdido por completo la confianza en el género humano se debe al menos contemplar la posibilidad de legislar adecuadamente sobre cuestiones tan delicadas como estas. La naturaleza límite de esta cuestión exige una reflexión bioética profunda y requiere contar con la opinión contrastable de expertos en materia de salud física y mental, pero también demanda que nos planteemos el riesgo de promover una injusticia igualmente grave por exceso de paternalismo y celo protector. Como ya ha demostrado la Historia, esa decisión es altamente susceptible de ser manipulada o malinterpretada, por lo que nos movemos en un terreno que habríamos deseado no tener que pisar jamás.

Los foros más compasivos con el sufrimiento humano ya se han cuestionado la oportunidad de legislar sobre esta posibilidad de eutanasia, en casos en los que el sufrimiento sea de origen exclusivamente psíquico, reconociendo que este tipo de dolor puede ser tan dañino e insoportable —si no más— como el sufrimiento físico. Y Holanda ha recogido ya efectivamente este supuesto en su última modificación legal sobre la eutanasia fechada en 2002, a raíz del debate generado por un caso que, años atrás, había planteado esta nueva perspectiva. El Tribunal Supremo holandés tramitó en 1994 un caso determinante, en el que una paciente había sido asistida a morir para librarse de un sufrimiento psíquico, sin estar aquejada de ninguna enfermedad física incurable en fase terminal. La paciente, Hilly Bosscher, había soportado veinticinco años de palizas a manos de un marido alcohólico antes de que su matrimonio terminara en divorcio. Uno de sus dos hijos se había suicidado a los veinte años; el otro había muerto de cáncer de pulmón a la misma edad. Esta ex asistente social de cincuenta años del pueblo holandés de Ruinen acudió a un psiquiatra —el doctor Boudewijn Chabot— con un claro propósito: morir con ayuda de un médico. Con un historial de veinte años de depresión y un intento de suicidio tras la muerte de su segundo hijo, Bosscher estaba decidida a morir, pero deseaba hacerlo causándose el menor sufrimiento ella misma y la menor aflicción en los demás. Chabot aceptó el caso con la esperanza inicial de hacerla cambiar de opinión, pero con el tiempo se convenció de la firme determinación de morir de la mujer. A pesar de que no existía una enfermedad física, el doctor Chabot diagnosticó que la señora Bosscher experimentaba un sufrimiento psíquico intenso y prolongado, sin perspectivas de mejoría. Envió transcripciones de sus sesiones de terapia a siete colegas, y todos coincidieron en el diagnóstico. Convencido de que se trataba de un caso irreversible, Chabot accedió a ayudarla a morir. El 28 de septiembre de 1991 le facilitó a Hilly Bosscher veinte pastillas para dormir y una mezcla líquida letal, y junto con este combinado químico la paciente ingirió un medicamento para prevenir la náusea. Luego se tumbó en su cama, acompañada por un amigo, por Chabot y otro médico. Se despidió besando una foto de sus hijos y, mientras sonaba música de Bach, se entregó a una muerte pacífica.[37] En lugar de resignarse a contabilizar un suicidio más —ignorado por la estadística, solitario, culpabilizado y rodeado del estigma que parece que le es consustancial—, Bosscher y Chabot convirtieron esta muerte en un acto trágico pero pleno de dignidad.

Nunca antes se había tenido constancia de que un médico ayudara a morir a un paciente afectado de depresión sin ninguna afección física. El Tribunal estimó que el psiquiatra era culpable de cooperación al suicidio, pero solo porque no cumplió el requisito legal de que otro colega examinara a la enferma, ya que ninguno de sus colegas la había visitado en persona. En cualquier caso, no le impuso ninguna pena. Los jueces dictaminaron que el sufrimiento de un enfermo que justificara el suicidio asistido podía ser también de orden psíquico, aunque no se padeciera una enfermedad incurable en fase terminal. Así quedó admitido que la eutanasia pueda aplicarse también en el caso de que el solicitante padezca «sufrimiento psíquico» o sufra una «desfiguración potencial de la personalidad». «La decisión judicial —dijo el abogado de Chabot— reconoce el derecho a morir con dignidad a pacientes que sufren un dolor psíquico severo.» Y el propio Chabot concluyó: «El sufrimiento psicológico intolerable no es distinto del sufrimiento físico intolerable».[38] Sin embargo, la Corte advertía sobre la extrema cautela necesaria a la hora de abordar estos casos. Y, por descontado, la cuestión del suicidio asistido en caso de sufrimiento no somático aún continúa siendo objeto de debate en Holanda. De hecho, po-

---

[37] Anastasia Toufexis, James Geary y Alice Park, «Killing The Psychic Pain», *Time*, 4 de julio de 1994.
[38] Ibíd.

cos años después se produjo otro caso igualmente polémico que abría otro interrogante más al respecto. Cuando aún no se había aprobado la ley de 2002, un tribunal de Haarle absolvió al médico que había ayudado a suicidarse al ex senador Edward Brongersma, que a sus 87 años se había manifestado «cansado de vivir». En abril de 1998, este hombre puso fin a su vida tomando unos medicamentos que le había proporcionado su médico, el doctor Philip Sutorius. El ex senador había solicitado la eutanasia a pesar de que no padecía ninguna enfermedad terminal y de que no sufría dolores físicos. Su determinación se basaba en que se sentía solo e inútil y pensaba que su vida ya no valía la pena, a raíz de que sus amigos y personas queridas hubieran ido muriendo. Su médico fue acusado de violar las leyes holandesas que permiten la eutanasia solo en los casos en los que la persona tiene una enfermedad terminal o padece dolor o sufrimiento insoportable y permanente, lo que parecía no darse en el caso de Brongersma. Pero el médico fue absuelto después de que el tribunal escuchara a testigos expertos declarar que Brongersma padecía un sufrimiento insoportable de naturaleza psicológica. El Ministerio de Justicia holandés apeló contra la absolución y, en este segundo proceso, se revocó la absolución original. Sutorius sí fue finalmente condenado sobre la base de que el tipo de sufrimiento que padecía Brongersma no era lo que la ley holandesa sobre la eutanasia entiende como «dolor o sufrimiento insoportable y permanente». Sin embargo, la corte de apelación no le impuso ninguna condena porque interpretó que el médico había actuado movido por la compasión. Interrogada por su opinión al respecto, la ministra de Sanidad holandesa, Els Borst, dijo que el supuesto de que alguien cansado de vivir pida ayuda para morir no se incluye en la nueva ley, aunque «quizás un día habrá que abrir el debate».

Esta cuestión conecta con la idea de la llamada *píldora de Drion*, una supuesta pastilla para suicidarse que no existe pero cuya formulación teórica amplía de por sí los límites del debate sobre el derecho a decidir sobre nuestra muerte y el papel del Estado al respecto. El método al que hace referencia fue ideado en los noventa por Huib Drion, un juez del Tribunal Supremo holandés y profesor de Derecho Civil, y estaría concebido exclusivamente para que personas de edad avanzada y que viven solas puedan tener la opción de acabar con sus vidas de una forma humanitaria. La ingesta de la supuesta píldora constaría de dos pasos: un primer momento en el que se tomaría una pastilla, y un segundo momento unos días más tarde, cuando se ingeriría una segunda píldora, ambas diseñadas de forma que solo su combinación y solo mediante ese protocolo de espera, la mezcla resultara letal. La idea subyacente es que nadie pueda actuar por impulso, para lo que se establece un periodo obligatorio de espera y reflexión reversible. Hasta el momento se trata solo de un debate teórico y ni siquiera parece que existan los recursos médicos para fabricar una combinación química semejante. Este escenario queda bastante lejos de los supuestos contemplados por las legislaciones actuales, incluso en Holanda, pero de nuevo, cuando a la ministra Borst se le planteó la pregunta de si estaba a favor de la inexistente píldora de Drion, contestó: «No estoy en contra, si puede ser regulada cuidadosamente de forma que solo afecte a personas de edad avanzada que sienten que han llegado al final de su vida. En lo referente a este asunto, se requiere un amplio debate social».[39]

La posibilidad de practicar la eutanasia por sufrimiento psíquico se ha abordado también en Suiza, donde una decisión de la Corte Federal Suprema de 2006 fijó las normas de actuación para que pacientes psiquiátricos y quienes padezcan afecciones mentales puedan acabar legalmente con sus vi-

---

[39] Margriet Oostveen, «Ik kan me goed voorstellen dat artsen stervenshulp niet melden», *NRC Handelsblad*, 14 de abril de 2001.

das. El caso que provocó esta decisión fue planteado por un hombre anónimo de 53 años que padecía un trastorno maníaco-depresivo y que había intentado suicidarse dos veces. El hombre, con la ayuda de Dignitas, un gabinete de abogados de Zurich, reclamó su derecho a decidir sobre su propia muerte y solicitó una prescripción de quince gramos de pentobarbital sódico, basándose en el artículo 8 del Convenio Europeo de Derechos Humanos concerniente al respeto de la vida privada. En su argumentación, alegaba que ningún médico le recetaría esa dosis letal por miedo a las repercusiones profesionales o judiciales. El Tribunal Supremo suizo respondió con una sentencia contundente respaldando el derecho a poner fin a sus vidas a quienes sufren de «trastornos psicológicos incurables, permanentes y severos». En su veredicto, el tribunal advertía también de que se debe diferenciar claramente entre aquellas personas que desean morir afectadas de trastornos psicológicos temporales o tratables y aquellos que padecen una enfermedad grave y crónica que han tomado una decisión «racional y ponderada» de acabar con sus vidas para evitar futuros sufrimientos.

Primo Levi afirmaba en *Los hundidos y los salvados* que «el suicidio es cosa humana y no de animales, es decir, es un acto meditado, una elección no instintiva, no natural».[40] Dando un paso más en la reflexión humanista de Levi, se puede afirmar que la razón por la que una persona se llega a quitar la vida no es el dolor en sí mismo —susceptible de ser experimentado por cualquier vertebrado—, sino la conciencia del dolor y, más frecuentemente, la conciencia de dolor psíquico. Pero parece más que evidente que, con el escaso grado difusión del conocimiento de lo psíquico, con la irregular atención que reciben las personas que padecen una afección mental, sin que exista una amplia difusión de las prácticas pa-

---

[40] Levi, *op. cit.*, p. 66.

liativas realmente efectivas, sin apenas educación en salud mental y bajo el imperio de los psicofármacos como único recurso asequible, la legalización de la eutanasia por motivos psíquicos supone ubicarnos en un escenario ante el cual habría que recorrer con anterioridad todos los pasos intermedios que la sociedad puede y debe proporcionar para ayudarnos a alcanzar un mayor acercamiento a nuestro mundo interno. La propia naturaleza ambigua de la expresión *sufrimiento insoportable* es ya un obstáculo a la hora de abordar la cuestión, ya que los umbrales de tolerancia al sufrimiento pueden variar enormemente de una persona a otra. También la cuestión del *sufrimiento permanente* es otro concepto complejo sobre el que psicólogos, psiquiatras y psicoterapeutas deben ponerse de acuerdo y fijar unos parámetros contrastables. Pero de lo que no cabe duda es de que el sufrimiento psíquico es la razón por la cual se quitan la vida más del 90% de los suicidas, se contemplen o no sus razones como susceptibles de ser incluidas en las prácticas de la eutanasia. Quizá la psiquiatría no se vea capaz de hacer un diagnóstico tan categórico como para determinar que hay casos de personas que experimentan un sufrimiento psíquico *severo y permanente*, pero un millón de personas cada año toma una decisión mortal convencidas de lo contrario. Probablemente muchos de ellos, la mayoría, sufrían afecciones reversibles, pero ¿qué pasa con los que realmente padecen un trastorno mental incurable que provoque un sufrimiento grave? La diferencia es que, en lo relativo a los padecimientos del cuerpo, podemos saber con una certeza más o menos fiable hasta qué punto serán reversibles o no. En cambio, en muchos de los padecimientos del alma desconocemos hasta qué punto son susceptibles de tratamiento y recuperación.

Si se llegaran a superar los requisitos pertinentes para aprobar con convicción una ley que autorizara la eutanasia por motivos psicológicos, es posible que se consiguiera extraer alguno de los innumerables casos de suicidio de la sordidez absoluta en la que se resuelven. Tal vez esta posibilidad de aproximación pública a la muerte pudiera contribuir a dignificar alguno de los cientos de miles de casos en los que personas de todo el mundo se quitan la vida en silencio, a escondidas y en la más completa soledad. Y quizá, de entre todos esos casos, la aproximación abierta y la intervención profesional adecuada consiguiera incluso salvar alguna vida. Abrir un debate sobre el derecho a morir de los individuos que así lo desean parece siniestro, pero más lo es ignorar que un millón de personas toma esa decisión cada año en contra de los principios básicos de la sociedad, de sus familias e incluso de los suyos propios.

SIGNOS DE ALERTA

Al tratarse de un problema mucho más cercano y frecuente de lo que habíamos creído, el manejo de una información que permita reconocer los rasgos más identificables de situaciones potencialmente desencadenantes de una conducta suicida puede ayudar a su prevención. Entre estos signos reconocibles, las manifestaciones más frecuentes en el ánimo de una persona que está viviendo este proceso son cambios de humor o de personalidad, depresión, apatía, pesimismo e irritabilidad. También se pueden presentar alteraciones en los hábitos alimenticios, por exceso o por defecto de apetito, y modificaciones en los ritmos del sueño, especialmente el tipo de insomnio que lleva a despertarse temprano para no poder volver a dormir, pero también el exceso de horas de sueño. Las personas con tendencias suicidas experimentan sentimientos como soledad, incomprensión, indefensión, desesperación, baja autoestima, vergüenza, culpabilidad y odio hacia sí mismas. Otras conductas reveladoras de pensamientos autolíticos consisten en iniciativas como desprenderse de objetos de gran valor sentimental, hacer testamento o declarar los afectos a modo de despedida. Procurarse métodos para quitarse la vida como armas o medicamentos potencialmente letales son muestras evidentes de alarma, como lo es obviamente el hecho de buscar información por Internet u otros medios sobre recursos letales. No todos los suicidios se pueden prevenir, ni en todos los casos se manifiestan señales evidentes, pero es muy frecuente que la posible víctima lance mensajes de alerta a su entorno porque, en la mayoría de las ocasiones, el suicida experimenta una ambigüedad potencialmente salvadora sobre si la muerte es o no la mejor manera de poner fin a la angustia o el dolor.[41] El suicidio es un acto contradictorio en el que el sujeto arremete contra su aflicción, llevándose su vida por delante, pero, aun en el último momento, desearía ser salvado. Como ha escrito Edwin Schneidman, «El paradigma es el hombre que se corta el cuello y pide ayuda en el mismo aliento». Todos los suicidas tienen estos sentimientos contrapuestos con respecto a su propia muerte; si se les proporciona el apoyo y la ayuda adecuados, aumentará el deseo de vivir al tiempo que baja el riesgo de suicidio. Además, el comportamiento suicida suele ser resultado de actos impulsivos y los sentimientos autodestructivos más fuertes suelen ser producto de crisis pasajeras. La persona en una situación de crisis suicida suele estar dominada por pensamientos rígidos, drásticos y sin perspectiva, que hay que ayudar a frenar y contener.

No hay que subestimar la ayuda que cualquiera de nosotros puede prestar a alguien que muestre signos de com-

---

[41] Danielle Saint-Laurent, Norman L. Farberow y Brian L. Mishara, «Suicide Basics: Epidemiology, History, Prevention», en Robert Kastenbaum (ed.), *Macmillan Encyclopedia of Death and Dying*, Farmington Hills, Michigan: Referente Books, 2003.

portamiento suicida. Es fácil dudar sobre cómo abordar la cuestión o sobre la pertinencia de hacerlo, por miedo a perjudicar más que ayudar. Incluso existe el temor de que si se menciona el escenario del suicidio ante alguien aparentemente vulnerable podamos estar implantando la idea en su cabeza. Pero los profesionales de la salud mental afirman que eso no sucede. El suicidio no se puede sugerir simplemente por preguntarle a alguien cómo se siente o si ha tenido o no pensamientos suicidas. Antes al contrario, las personas que puedan tener estos sentimientos se suelen sentir aliviadas de encontrar la oportunidad de hablar abiertamente sobre estas consideraciones y sobre sus problemas. Una conversación de este tipo transmite, a quien esté considerando si acabar o no con su vida, el sentimiento de que hay alguien interesado en ayudar. La actitud en este acercamiento debe consistir en escuchar con interés y afecto, tratar con respeto, empatizar con las emociones del otro, demostrar una postura cuidadora y manifestar un tono de confianza.[42]

Al abordar el tema, la charla sobre el suicidio debe centrarse sobre la cuestión de los recursos afectivos que esa persona tiene a su disposición. Es necesario averiguar si esa persona cuenta con un confidente, con amigos o familiares con quienes hablar del problema o si está recibiendo ayuda profesional. Y durante la conversación se pueden sugerir nuevas posibilidades alternativas. Los profesionales sostienen que en estas situaciones es importante mantener la calma y escuchar de modo empático lo que la otra persona tenga que decir. Aunque exista la posibilidad de que el intento no sea letal o que la persona esté actuando de forma manipuladora, es importante tomarse la situación en serio y hacer preguntas para averiguar la firmeza de las intenciones. Se deben hacer

---

[42] *Preventing Suicide. A Resource for Primary Health Care Workers*, Ginebra: Departamento de Salud Mental, Organización Mundial de la Salud, 2000.

preguntas concretas sobre factores de riesgo como intentos previos o problemas de salud mental. En general, las personas que saben cómo y cuándo se van a suicidar están expuestas a un riesgo mucho mayor que aquellas con planes indefinidos, así que esta información es relevante. Una pregunta tan directa como esa no resulta dañina y, en cambio, puede revelar datos que permitan prevenir sus consecuencias. Si la persona ha tomado una decisión al respecto y tiene a su disposición los medios para hacerlo se necesita intervención inmediata. Es fundamental retirar de su entorno los medios a su alcance, como armas de fuego o medicamentos letales, y solicitar la ayuda de un servicio de prevención de suicidio o un profesional de la salud mental con experiencia en casos de suicidio. Si una persona manifiesta un estado de alto riesgo, es decir, si evidencia que se va a quitar la vida a corto plazo, lo mejor es permanecer con ella o buscar a alguien que pueda acompañarla. Se debe procurar no manifestar enfado o entrar en pánico, no dar falsos ánimos, diciendo cosas como «estoy seguro de que todo va a ir bien», ni tratar de minimizar o trivializar su coyuntura con expresiones como «seguro que hay gente con problemas más serios que nunca ha pensado en quitarse la vida». No importa lo que las razones puedan parecerle a alguien de fuera si en la mente del suicida potencial son lo suficientemente graves como para considerar quitarse la vida. Un oyente con la madurez suficiente no debe hacer promesas que no pueda mantener ni insistir en que las cosas van a cambiar si no está seguro de ello. Tampoco se debe prometer a nadie que se guardará el secreto de sus intenciones suicidas: salvarle la vida es más importante que traicionar su confianza.

Entre los grupos de alto riesgo se encuentran las personas privadas de libertad, los y las homosexuales jóvenes, quienes hayan intentado un suicidio previamente —en este caso, la probabilidad aumenta hasta cien veces— y las personas con desórdenes de salud mental como depresión, esquizofrenia y alcoholismo. También son especialmente vulnerables quienes hayan experimentado una gran pérdida reciente, como la muerte de un amigo íntimo o un pariente; quienes se enfrentan a un divorcio o una separación; los que se encuentran en situación de desempleo; quienes hayan perdido a un familiar o a una persona cercana de esta forma, y también los enfermos físicos. Es decir, cualquiera de nosotros, en cualquier momento, podemos ser susceptibles de encontrarnos en circunstancias de riesgo.

¿QUÉ HACER?

Cambiar nuestra actitud sobre el suicidio a estas alturas supone tener que admitir que aún no se ha hecho gran cosa por llegar a entender a los suicidas; supone tener que reconocer todas las vidas que están en la cuerda floja y aceptar que son muchos los que a diario traspasan la línea roja de la desesperación, ante la indiferencia o el desconocimiento general. Pero es hora de que nos sobrepongamos a esos sentimientos, cambiemos de mentalidad y nos hagamos eco de un mensaje esperanzador: la prevención es posible, la depresión se puede tratar y el suicidio se puede evitar.

Una actitud consciente y *proactiva* por parte de todos puede ayudar a salvar vidas, quizás incluso la nuestra. Para combatir las situaciones de vulnerabilidad hay dos direcciones básicas en las que es posible trabajar simultáneamente; por un lado, intentar bajar los niveles de sufrimiento; y, por otro, procurar aumentar los recursos para combatirlo. Cada situación particular requiere intervenciones específicas para lograr esos dos objetivos, que quedarán en manos de la persona afectada o de su entorno inmediato; pero también se pueden adoptar medidas sociales que faciliten su consecución. Así pues, tanto la actividad paliativa como la preventiva se enfocan desde una doble perspectiva orientada por una parte al propio paciente y, por otra, al conjunto de la sociedad. El doctor Baca García recapitula iniciativas en ambas direcciones: «En relación a la primera, la Unión Europea y la Organización Mundial de la Salud incluyen la conducta suicida entre sus prioridades de salud pública y salud mental. En los pilares de esta estrategia está la identificación precoz y el tratamiento adecuado de los trastornos mentales evitando la estigmatización y la discriminación. Aunque la situación ha mejorado mucho en los últimos años, en España aún existe un estigma considerable asociado a estos trastornos, y es posible que el temor a ser etiquetado como enfermo mental haga que muchas familias sean reticentes a solicitar ayuda. La investigación es otra arma imprescindible. En este sentido, la UE ha aceptado recientemente el proyecto Save Young Life in Europe (SAYLE) para la promoción de hábitos saludables y la prevención del suicidio, dentro del VII Programa Marco. En nuestro país, la constitución del Centro de Investigación Biomédica en Red (CIBER) de Salud Mental va a facilitar los esfuerzos que ya se hacen en este campo. Con respecto a la prevención orientada a la sociedad, quizás el primer paso sea que esta sea consciente de la existencia del problema. Los medios, las campañas de sensibilización y los programas educativos deben abordar el tema evitando sensacionalismo, estigmatización y el tan temible efecto Werther o imitación. Pero con todo el cuidado y con toda la delicadeza necesarios tenemos que ser capaces de hablar de ello; silenciarlo solo sirve para perpetuar el sufrimiento que genera.[43] El terreno en el que nos movemos es extremadamente frágil y ciertas iniciativas incluso se pueden volver en contra. De hecho, algunos programas escolares de alerta sobre el suicidio no se han demostrado lo

---

43   Enrique Baca García, «Otra verdad incómoda», *El País*, 17 de abril de 2008.

suficientemente eficaces e incluso, en algunos casos, han contribuido a provocar una angustia adicional en jóvenes vulnerables. Arrojar luz sobre conceptos ocultos durante tanto tiempo puede estremecer antes de servir de apoyo. Se requiere una gran habilidad para poner en positivo este mensaje con un discurso que abra posibilidades de ayuda sin alimentar fantasmas. Es innegable que se trata de un tema que demanda todo el talento colectivo, político, social y mediático del que pueda ser capaz nuestro mundo. Pero en ningún caso se justifica el silencio y la resignación. De hecho, se ha comprobado también que la participación de la escuela en el manejo de situaciones de crisis, en el cultivo de la autoestima y en el desarrollo de capacidades para abordar problemas y tomar decisiones saludables reduce el riesgo de suicidio entre los jóvenes.

Si la prevención del suicidio no se ha abordado aún de manera adecuada se ha debido, esencialmente, a la falta de percepción del suicidio como un problema prioritario y, en gran medida, a causa del tabú existente en muchas sociedades a la hora de hablarlo abiertamente. En consecuencia, hasta ahora solo unos cuantos países han incluido la prevención del suicidio entre sus prioridades nacionales. En Suiza, Japón, Suecia, Noruega, Finlandia, Australia, Nueva Zelanda Gran Bretaña y Canadá, los gobiernos sí han sabido reaccionar para coordinar programas de prevención, reconociendo el calado del problema y decidiéndose a afrontarlo. Para que estas iniciativas tengan éxito se necesita la participación activa de todos los agentes sociales, así como la labor de atención paliativa urgente de los centros de crisis. En concreto, hay una evidencia determinante de que la prevención y el tratamiento adecuado de la depresión y el alcoholismo pueden reducir las tasas de suicidio. La campaña de prevención del gobierno de Escocia «Choose Life» («Elige la vida») pone a disposición de personas con pensamientos suicidas ayuda psicológica bajo el siguiente reclamo: «No lo ocultes. Habla de ello», y se promociona especialmente en los lugares públicos donde se consume alcohol, utilizando medios tan directos e innovadores como los posavasos de los bares como soporte del mensaje.

Asimismo, las estrategias que implican la restricción del acceso a los métodos de suicidio se han demostrado efectivas a la hora de reducir la incidencia. El riesgo de suicidio en una casa en la que haya un arma de fuego es cinco o seis veces mayor. Igualmente, se comprobó que cuando Inglaterra bajó el nivel de toxicidad del gas doméstico, el suicidio por este método se erradicó del país y la cifra total descendió en un tercio. Otros países como Suiza, Irlanda y Escocia han informado de descensos en la tasa de suicidios tras restringir la toxicidad excesiva del gas. Quizás uno de los ejemplos mejor estudiados en este sentido es el de Samoa,[44] donde la cantidad de suicidios había sido inferior a diez por año, hasta que en 1972 se introdujo en el país un herbicida conocido como *paraquat*. El número empezó a elevarse abruptamente hasta llegar a casi cincuenta casos en 1981, cuando se decidió tomar medidas para controlar la disponibilidad del *paraquat*. Al cabo de tres años la tasa de suicidios volvió a descender, aunque aún en 1988 más del 90% de los suicidios se continuaron llevando a cabo con este producto.

Japón ha sido uno de los países pioneros en poner en marcha una iniciativa nacional que obliga a los gobiernos regionales y al central a tomar medidas para reducir el alto número de suicidios. En 2006, la «Ley básica para tratar los suicidios» fue considerada como un paso histórico en la materia, al vincular la depresión con el suicidio y reclamar una acción social para combatirlo. En los últimos tiempos, más de 30.000 personas al año se habían quitado la vida en Japón, un país de 127 millones de habitantes. La nueva normativa aprobada por

---

[44] J. R. Bowles, «Suicide in Western Samoa: an example of a suicide prevention program in a developing country», en R. F. W. Diekstra *et al.* (eds.), *Preventive strategies on suicide*, Leiden: Brill, 1995, pp. 173-206.

el Parlamento japonés afirmaba que los suicidios no se deben solo a problemas personales y que toda la sociedad debe adoptar medidas. Además de instar a que se hicieran estudios para prevenir los suicidios, esta ley recomendaba elevar la conciencia social del problema educando a la gente, mejorando los centros médicos y brindando apoyo a los que hubieran intentado un suicidio, a sus familiares y a los grupos de ciudadanos que los apoyan. La nueva legislación relaciona el suicidio con la afección mental y subraya el papel que pueden desempeñar la comunidad y el lugar de trabajo en las políticas preventivas. Por ese motivo, se incluyen nuevas medidas para que las empresas contraten psiquiatras y recaben datos respecto de la depresión en el ambiente laboral. El objetivo inmediato que se ha marcado este nuevo equipo gubernamental especializado creado a tal efecto es disminuir la cantidad de suicidios a menos de 25.000 por año.

El gobierno suizo también reconoció recientemente el suicidio como una cuestión de salud pública, un cambio de postura esperado por los grupos que promueven la apertura del diálogo al respecto. Hasta ahora, la prevención y el tratamiento de las tentativas suicidas eran abordados solo por pequeñas instituciones regionales en diversos puntos de Suiza, un país que supera la tasa media global de suicidios. Pero, ante la prevalencia de este fenómeno constante, diversos parlamentarios solicitaron al Gobierno Federal que tomase cartas en el asunto. Finalmente, en 2005, el diputado Hans Widmer obtuvo la respuesta a su postulado presentado tres años antes, pidiendo al Consejo Federal que dirigiera un informe al Parlamento sobre las medidas adoptadas por la Confederación para prevenir los suicidios y sobre el análisis de los esfuerzos cantonales y de particulares para evitar que continúe esta tendencia. En Suiza, en comparación con otras causas de muerte, el suicidio es más frecuente que la suma de las muertes por accidentes de tráfico, el sida y las drogas, y una persona de cada dos ha tenido pensamientos suicidas en algún momento de su vida. La contestación gubernamental llegó con la elaboración del estudio *El suicidio y la prevención del suicidio en Suiza*, un documento de cuarenta páginas presentado por la Oficina Federal de Salud Pública.[45] Como en el caso de Japón, la nueva posición del Gobierno reconoce el suicidio como un problema sanitario, y no solo como una cuestión personal que hay que dejar en manos de cada uno. Esa postura activa del gobierno no se plantea como una intromisión en la órbita privada, sino como una forma de no dejar desasistido a quien se encuentra en una situación vulnerable. Estas iniciativas suponen el reconocimiento implícito de que las afecciones mentales y los problemas de depresión no son asuntos inabordables desde el ámbito colectivo y no se puede confundir el respeto a la privacidad con el abandono por parte de las instituciones.

En el resto de países que están poniendo en marcha programas nacionales para procurar que descienda la incidencia del suicidio entre su población, la mayoría de las estrategias incluyen un fuerte componente de educación pública y mediática; se centran en un aumento de la atención y el tratamiento del alcoholismo, la depresión y otras enfermedades mentales; se prioriza la reducción al acceso de métodos mortales; y se intensifica la formación de profesionales de la salud y otros ámbitos. Entre las actividades del programa que el Reino Unido puso en marcha, el Royal College of Psychiatrists incluía una campaña para combatir la depresión, reducir el estigma social asociado a ella, educar al público en general sobre posibles tratamientos y animar a quienes la padecen a buscar ayuda. A menor escala, también el gobierno estadounidense promovió hace años un programa sobre el contagio del suicidio con la finalidad de proporcionar una guía de recomendaciones que permitiera mi-

---

[45] www.swissinfo.org.

nimizar el efecto Werther.[46] Y, en España, un programa piloto de prevención del suicidio, conocido como «Plan de Salud Mental de la Derecha del Ensanche» (un barrio de Barcelona), se inició en 2005 y ha conseguido reducir las tentativas y los ingresos asociados en su área de actuación. En nuestro país también existe una Red Nacional para el Estudio y Prevención de las Conductas Autolíticas (ReNEPCA) que recoge información relativa al comportamiento suicida, pero aún no existe una iniciativa gubernamental que coordine estos esfuerzos y difunda el necesario mensaje preventivo. También funciona desde los años setenta el popular «Teléfono de la Esperanza», una ONG cuyo objetivo es la mejora de la salud emocional y la intervención en situaciones de crisis, aunque no exclusivamente orientada a la prevención del suicidio.

Entre los organismos internacionales específicamente dedicados a esta finalidad, destaca la Asociación Internacional para la Prevención del Suicidio, organizadora de numerosas actividades —entre ellas, la iniciativa de la creación del Día Mundial para la Prevención del Suicidio—, así como de congresos, publicaciones y actividades de difusión de información preventiva y formativa. También la Organización Mundial de la Salud dedica especial atención a las actividades preventivas (programa SUPRE) y asegura que se debe reforzar la capacidad de los países para desarrollar y evaluar políticas y planes para la prevención del suicidio. Dichas iniciativas preventivas requieren la implicación decidida del sector sanitario, la educación, las empresas, la policía, la justicia, la religión, la política y los medios de comunicación. En particular, se recomienda que, atendiendo a las necesidades particulares de cada país, se desarrolle el apoyo y tratamiento de las poblaciones de riesgo, como son las personas con depresión, los ancianos y los jóvenes. La OMS

---

46   La tesis del contagio del suicidio fue recogida en la política pública de Estados Unidos tras un taller nacional respaldado por el Center for Disease Control and Prevention realizado en 1994.

insiste en la reducción de la disponibilidad y el acceso a métodos de suicidio, como las sustancias tóxicas y las armas de fuego. Y también promueve el refuerzo de las redes de supervivientes de un suicidio, como forma de paliar las secuelas de quienes lo han padecido cerca. Para esta organización, la prioridad se centra en los países en los que las tasas de suicidio son particularmente altas —destacando a China, Cuba, Lituania, República de Mauricio, Rusia y Sri Lanka—, y también reclama especial atención para aquellos lugares en los que la distribución de edad de los suicidas está sesgada hacia la gente joven o las mujeres, por lo particular de estas tendencias. Las más altas instancias internacionales han apuntado al ojo del huracán, levantando la voz para promover la conciencia mundial sobre el suicidio. El 10 de octubre de 2006, Día Mundial de la Salud Mental, el entonces secretario general de las Naciones Unidas, Kofi Annan, lanzó un mensaje claro y directo, bajo el titular *Demos al suicidio la atención que merece*. El comunicado de prensa, en el que se sintetiza la esencia de la actitud que debe promoverse con respecto al suicidio, decía así: «Todos nos sentimos profundamente preocupados, y con toda razón, por las muertes que causan las guerras, los homicidios, el terrorismo y otras formas de violencia. En cambio, las muertes por suicidio y los factores que pueden conducir a ellas distan mucho de recibir suficiente atención. Todos los años se producen alrededor de un millón de suicidios. Si a ello le sumamos los numerosos intentos de suicidio —que multiplican la cifra por veinte—, podemos ver la verdadera escala de este problema de salud pública y esta tragedia humana, que afecta a decenas de millones de personas. La buena noticia es que ahora disponemos de numerosas herramientas para profundizar en la conducta suicida, lo que debe ayudarnos a evitar muchas muertes reversibles, a proteger a las personas en situación de riesgo y a apoyar a las familias que por esta causa han perdido a un ser querido. La idea de que hablar sobre el suicidio con alguien que está deprimido le puede meter la idea en la cabeza simplemente no es correcta. Hablar sobre el suicidio demuestra preocupación e interés y manifiesta una determinación de escuchar los sentimientos de esa persona. Los expertos recomiendan preguntar directamente "¿Estás pensando en el suicidio?". Si la respuesta es sí, se debe preguntar si se ha decidido la forma de hacerlo. Un plan ya trazado es evidencia de peligro inminente y precisa de intervención profesional inmediata. Uno de los factores más importantes de riesgo de suicidio es la presencia de un trastorno mental, como la depresión o la esquizofrenia. Otro es que haya habido algún intento de suicidio previo, lo que hace más imperiosa aún la necesidad de que las personas que lo requieran reciban asistencia pronta y eficaz. Sin embargo, aun cuando existen formas eficaces y asequibles de tratar estos trastornos, no todo el que lo necesita tiene acceso a un tratamiento. A la falta de personal especializado y de medicamentos se suman el desconocimiento de los trastornos mentales, las conductas suicidas y el estigma vinculado a ellos. Si no se atienden, las enfermedades mentales pueden ser fatales. Una de las mejores formas de reducir el efecto desastroso del suicidio es atender, en un entorno comunitario, los trastornos mentales que tan estrechamente vinculados a él están. En este Día Mundial de la Salud Mental comprometámonos a actuar inspirados por esta idea. Demos al suicidio la atención que merece».

La reivindicación está hecha y el mensaje no puede ser más transparente. Queda claro que, en definitiva, para obtener resultados significativos las iniciativas públicas no deben encaminarse solo a evitar las muertes inminentes mediante la asistencia en centros de crisis, sino a procurar incrementar los niveles colectivos de salud psíquica, dotándonos de los conocimientos necesarios para identificar desde afecciones leves a conflictos graves, y educándonos en los modos de darles solución.

Un problema de todos

Si el primer paso para resolver un problema es tomar conciencia de su existencia, a partir de ahí aún queda todo por hacer. Pero la determinación de enfrentarnos al suicidio es un requisito básico para su prevención. Debemos aprender a reconocer esa mirada que pide auxilio en los ojos ajenos y también en los propios. Debemos abrir los ojos a una realidad demasiado dura para seguir ignorándola. Y aunque en ese proceso de concienciación y tratamiento público los suicidios individuales deban ser tratados con toda la cautela y se recomiende respetar y silenciar los detalles particulares, es importante que continúe aumentando el volumen del discurso colectivo. El siglo XX no supo plantar cara a la sombra de condena social, religiosa y política que la Historia ha proyectado en forma de tabú. Pero quizás ahora seamos capaces de colocar en la tribuna pública un asunto que reclama nuestra atención, dejando atrás los juicios morales, para adentrarnos en el verdadero drama que supone e intentar mitigarlo.

La toma de conciencia de la existencia de este gravísimo problema ha puesto de manifiesto, sobre todo, las enormes carencias que arrastramos a la hora de manejarnos con el sufrimiento psíquico. Lo que las escalofriantes cifras revelan es la escasa atención que prestamos a nuestra salud mental, una expresión que, como se ha visto, aún está cargada de connotaciones negativas y asociada con la idea de oscuras patologías. La profilaxis psicológica es algo que no se ha abordado de forma adecuada en nuestra sociedad. No se contempla una educación en el conocimiento de uno mismo para ayudar a amortiguar las neurosis cotidianas que a todos nos asaltan. Y no se trataría de otra cosa que de dotar a los individuos de mayores recursos para ocuparse de sí mismos, de sus fantasmas y frustraciones, de sus traumas y sus temores, de sus limitaciones y sus distorsiones de la realidad. Este es un primer paso de orden preventivo que debería incorporarse a los *curricula* educativos, a las prioridades en las que las familias y las instituciones colectivas forman a los niños desde pequeños, con el fin de ayudarnos a identificar problemas y de enseñarnos a solicitar ayuda profesional en caso necesario, exactamente igual que hacemos con nuestro cuerpo. Es hora de acabar con los estigmas asociados a lo psicológico, con los prejuicios absurdos y los miedos que no llevan más que al desconocimiento y a una entrega al enfoque bioquímico y farmacológico de la salud mental que día tras día da muestras de su ineficacia.

La tarea que se nos presenta por delante para hacernos cargo de nuestro bienestar emocional no es pequeña. Los valores sociales dominantes se alejan bastante de los idóneos para construir un entorno de relaciones humanizadas y sensibles al sufrimiento psíquico. La educación emocional recibida ha contribuido a forjar una serie de prejuicios que nos colocan en las antípodas. Hace ya algunos años, la psicóloga Pamela Cantor aparecía en el programa de Ted Koppel *Nightline*, en la cadena norteamericana ABC, para hablar sobre las causas del suicidio. Al final del programa el presentador le decía: «Muy bien, nos queda un minuto. Nos ha cantado la letanía de enfermedades que existen. ¿Hay algo que se pueda hacer sin cambiar la sociedad de arriba abajo?». «Bueno, creo que no se debería decir "sin cambiar" respondió Cantor. Creo que es eso precisamente lo que hay que hacer.»[47] Nuestra sociedad se enfrenta al reto de dar a conocer los recursos que están a disposición de todo aquel que se vea inmerso en este proceso. La normalización de la afección psicológica es una asignatura pendiente en nuestra cultura que se está cobrando demasiadas vidas. Hay que dejar de reseñar como una derrota el caso de quien sufre un dolor psicológico agudo y promover ejemplos públicos y refe-

---

[47] Citado en George Howe Colt, *The Enigma of Suicide*, Nueva York: Touchstone, Simon & Schuster, 1991, p. 328.

rentes de personas que se hayan enfrentado a un proceso depresivo profundo y que hayan logrado salir.

Las medidas gubernamentales son esenciales en esta tarea de intentar dar un giro a la manera en que se concibe el suicidio, pero naturalmente es la conducta de cada ciudadano la que debe cambiar en última instancia para que esa transformación de la mentalidad llegue a ser efectiva. «La educación es el elemento de mayor importancia a la hora de reducir la tasa de suicidio. No me refiero a clases para la prevención del suicidio —afirma Edwin Schneidman—. Me refiero a un aumento general de la concienciación, de forma que si te regalo mi reloj no lo cojas sin más dándome las gracias. Deberías decir: "Ed, siéntate, dime qué pasa".»[48]

A lo que este experto en suicidio se refiere es a una educación que nos permita aumentar la conciencia de cómo sentimos y de cómo sienten los demás. Hemos avanzado inmensamente en ajustar el foco sobre el mundo que nos rodea y, desde lo microscópico hasta lo telescópico, el universo entero entra dentro de nuestro campo de visión. Hemos repartido ojos electrónicos por todo el planeta para escudriñar hasta el menor de los detalles de lo que sucede ahí fuera. No existe acontecimiento alguno en el planeta, por íntimo o recóndito que sea, que no se encuentre documentado visualmente. Pero sigue habiendo una dirección en la que nos resistimos a dirigir la mirada. Nos aterra volver los ojos hacia nuestro mundo interno. Nos resistimos a averiguar lo que somos, de dónde vienen nuestras filias y fobias, qué nos mueve y qué nos paraliza. Preferimos que adivinos y farsantes nos interpreten la personalidad a ir de la mano de un profesional que nos ayude a conocernos. Preferimos regirnos por los dogmas incuestionables de la religión que atrevernos a buscar nuestro propio camino. Preferimos reducir nuestro espíritu y nuestras emociones a bioquími-

---

[48] Ibíd., p. 307.

ca pura, antes que indagar en la causa de nuestras angustias. ¿Tanto tememos asomarnos a las incógnitas del alma?, ¿tan poco confiamos en nosotros mismos que evitamos la decepción con la ignorancia?

Pocos quieren conocerse realmente y a casi todos nos basta con identificarnos con unas pocas etiquetas que nos abran la pertenencia al grupo. Desde el signo del zodiaco, pasando por la tendencia política o el lugar de nacimiento, unas cuantas denominaciones nos bastan para definirnos y reconocernos frente a los demás. Queremos saberlo todo de todo y tenemos los medios para hacerlo. Lo que sucedió en la Tierra hace mil millones de años y el tiempo que hará dentro de una semana. Pero averiguar por qué somos obsesivos o histéricos nos parece querer saber demasiado. Ponemos nuestro cuerpo en manos de cualquiera que prometa mejoría o bienestar, arriesgamos la salud por debilidad y por vanidad, nos sometemos a todo tipo de reparaciones de mantenimiento, aunque impliquen manipular lo más profundo de nuestra carne y hueso. Pero mirar más allá de la materia e interesarnos por lo que hay detrás de lo aparente nos parece un movimiento demasiado peligroso. Tememos acercarnos y que se nos acerquen. Así, vivimos a tientas y no nos percatamos de los obstáculos hasta que nos topamos con ellos. Esta es la educación que reclama Schneidman, una educación en la vida emocional que nos libere de la dictadura del desconocimiento de nosotros mismos, que arroje luz sobre las sombras del alma humana sin reparo ante lo que podamos descubrir.

Índice analítico

ABC: 220.
aberración: 13, 64, 143, 144.:
Abimelec: 27.
Absalom: 27.
aburrimiento: 46.
abuso: 15, 46, 97, 104, 151, 181.
accidentes: 11, 83-85, 90-95, 101, 102, 149, 165, 175, 192, 214.:
adicción: 91, 109.
Adler, Alfred: 57.
adolescente: 92, 103, 116, 117, 135, 154, 172, 182.
afecciones: 13, 51-53, 83, 84, 90, 99, 128, 146, 171, 172, 175-180, 182, 189, 191, 192, 195, 203, 205, 215, 218.
África: 61, 101.
Ahitofel: 27.
ahogar: 125, 47.
ahorcar: 27, 28, 31, 34, 61, 63, 92, 93, 120, 126, 143.
aislamiento: 51, 91, 96, 99, 100, 103, 104, 114.
Aktion: T4: 198.
alarmar: 11, 17, 117, 130, 139, 149, 142, 147, 150, 153, 155, 159, 160, 164, 175, 190, 207.
alcohol: 12, 90, 91, 97, 108, 109, 210, 212, 213.
Alemania: 35, 64, 108, 128, 135, 198.
alma: 14, 15, 22, 29, 32, 34, 43, 45, 46, 48, 52, 64, 68, 179, 205, 222.
Alvarez, Al: 46, 166.
América Latina: 100.
American Medical Association: 139, 189.
Améry, Jean: 96.
amigo: 11, 50, 53, 70, 73-75, 78, 97, 98, 104, 128, 131, 152, 153, 201, 201, 208, 210.
Amis, Martin: 59.
amitriptilina: 176.
amo: 25, 29, 32, 67.
amor: 15, 16, 45-48, 68, 69, 74, 128, 129.
anatomía: 21, 24.
Andy Warhol: 58.
angustia: 14-16, 36, 53, 69, 77, 78, 82, 99, 111, 159, 174, 178, 179, 187, 194, 207, 212, 222.
Aníbal: 24, 113.

Annan, Kofi: 171, 217.
anomalía: 80, 198.
anticongelante: 134.
antidepresivo: 103, 175, 175-177,: 179, 181-187.
Antígona: 24.
Antigüedad: 60, 112.
Antiguo Testamento: 26, 42, 49.
Argüeso, Antonio: 94.
aristocracia: 31, 37, 53, 65.
Aristodemo: 25.
Aristóteles: 23.
arma: 93, 211, 213.
arrebato: 49, 98.
arte: 24, 45, 53, 88, 130.
asesinato: 32, 40, 41, 49, 52, 54, 77, 83, 138, 143, 198, 199.:
Asociación Americana de Psiquiatría: 76.
Asociación Americana de Suicidología: 58.
Asociación Americana Médico-Psicológica: 80.
Asociación Internacional de Lesbianas, Gays y Transexuales: 121.
Asturias, princesa de: 142.
Atala: 46.
Atkins, Stuart: 128-129.
atrocidad: 21.
audiovisual: 159, 161.
Australia: 132, 141, 212.
Austria: 109, 134, 193.
autoayuda: 158.
autodestrucción: 52, 55, 56, 90, 155, 164.
autoestima: 96,174, 177, 179, 206, 212.
autoinmolación: 93.
autolítico: 216.

automóvil: 12, 91.
automutilación: 90.
autopsia psicológica: 21, 97, 154.
Áyax: 24.
Ayd, Frank: 176.

Babilonia: 56.
Baca García, Enrique: 211.
Bach: 201.
Baganda: 61.
Barak, Yoram: 194, 195.
Barber, Charles: 180-181.
Barcelona: 216.
Bat Yam: 194.
Bauer, Tristan: 210.
BBC: 146.
Bélgica: 196.
Biblia: 26-28, 30, 112
Big Pharma: 180.
biológico: 82, 175.
bioquímico: 82, 175, 179, 220, 221.
bisexual: 118.
Bloor Street: 137.
Boccacio: 34.
Bonn: 130.
bonzo: 133.
Bosscher, Hilly: 200, 201.
Bourdeaux: 119.
Brasil: 192.
Brentano-Clemens: 46.
Bridge, The: 137.
Bridgend: 116.
British Medical Association: 140.
British Medical Journal: 183.
Brongersma, Edward: 202.
Browne, Thomas: 41.
Brunilda: 47.
Bruto: 24, 37.
burguesía: 33, 49, 131, 195.

ÍNDICE ANALÍTICO

cadáver: 26, 40, 61-65, 98, 113, 125, 126, 148, 163, 166.
caída del Muro: 107.
Caín: 83.
Camus, Albert: 70.
Canadá: 67, 109, 212.
cáncer: 200.
Cantor, Pamela: 220.
capitalismo: 86, 159, 180.
carencia: 79, 96, 103, 179, 195.
caridad: 68.
Carlat, Daniel: 180, 181.
Casagemas: 53.
Casio: 24.
castigar: 31, 41, 48-51, 63, 67, 68, 78, 87, 106, 121, 195.
Castillo de Sant'Angelo: 47.
Casualty: 84, 93, 135.
Catecismo: 68, 69.
católico: 42, 68-70, 85, 99, 100, 102
Catón: 24, 30
Celexa: 186.
celos: 112, 199.
cementerio: 32, 63, 65, 85.
ceniza: 120.
Centro de Investigación Biomédica en Red: 211.
Centro de Salud Mental Abarbanel: 194.
Cezanne, Paul: 53.
Chabot, Boudewijn: 200, 201.
Chamer: 61.
Charlesworth, Sarah: 58.
Charlotte: 128, 129.
Chateau Gontier: 64.
Chateaubriand: 45.
Chatterton, Thomas: 45.
Checoslovaquia: 132.
Cheyne, George: 38.
Chile: 192.

China: 50, 60, 92, 102, 217.
Choose Life: 212.
ciencia 40, 51, 59, 125, 126, 138, 163, 165, 163, 177.
Cio-Cio San: 47.
violencia: 15, 40, 58, 90, 93, 94, 112, 143, 149, 151, 154, 159, 193, 217.
civil: 25, 32, 33, 34, 67, 69, 78, 125, 126, 184, 203.
Cleopatra: 24, 35, 37.
clima: 38, 45, 100.
Cobain, Kurt: 148.
cobardía: 14, 31, 48-49.
conciencia: 17, 34, 37, 63, 88, 105, 111, 145, 153, 154, 156, 159, 161-63, 181, 182, 195, 204, 214, 217, 219, 221.
Código de Dresde: 62.
Coello, Paulo: 59.
cólera de Dios: 80.:
Colt, George Howe: 52, 55, 57, 220.
cometer suicidio: 165.
Comité Consultivo de Bioética de Cataluña: 197.
Concilio de Arlés: 30.
Concilio de Braga: 30.
Concilio de Toledo: 30.
condena: 14, 22, 23, 25, 26, 28, 29, 32, 36, 40-42, 49, 50, 52, 62, 63, 66-70, 78, 81, 84, 87, 106, 109, 118-120, 125.
conflicto: 13, 30, 62, 82, 108, 109, 147, 156, 218.
Confucio: 60.
consanguíneo: 78.
Consejo de Europa: 118, 153, 154, 156.
consuelo: 17, 50, 76, 77, 85, 105, 128, 166.

contagio: 83, 110, 126, 127, 132, 135, 136, 138-140, 142, 144-147, 151, 155, 158, 160, 166.
contra natura: 13, 29, 160.
Cooper, P. N.: 84.
Copenhague: 130.
Corán: 33.
Cornell: 133.
costumbre: 21, 32, 39, 61, 62.
Cranach, Lucas: 35.
crimen: 48, 49, 51, 52, 69, 80,
cristianismo: 28, 31, 35, 44, 60, 63, 69, 173.
Cristo: 30.
Cuba: 109, 217.
cuchillo: 112.
culpa: 23, 29, 35, 38, 51, 64, 68, 74-77, 82, 83, 86, 96, 98, 117, 122, 142, 165, 166, 173, 201, 206.
cultura de masas: 139, 158.
cultura judeocristiana: 60, 173.
Cymbalta: 182.

Dachau: 193.
Daldry, Stephen: 161.
David, Jaques-Louis: 42.
debilidad: 49, 96, 111, 172, 190, 222.
Delacroix: 46.
delito: 62, 67, 69, 125.
democracia: 53, 66, 108.
Demócrito: 25.
demonio: 29, 30, 65.
Demóstenes: 25.
deontología: 142.
depuración racial: 198.
Der Spiegel: 190.
derecho a morir: 201, 206.
Derecho Canónico: 67.
derecho romano: 25, 26.

derechos de los homosexuales: 121
desatención: 159, 172.
desempleo: 96, 99, 210.
desesperación: 15, 31, 110, 147, 177.
desequilibrios químico: 99, 179.
deshonor: 25, 27, 28, 46, 61.
desnudo: 126.
destino: 26, 33, 36, 44, 59, 64, 78, 119.
destrudo: 54.
deus ex machina: 59.
Día Mundial de la Salud Mental: 97, 217, 218.
Día Mundial para la Prevención del Suicidio: 152.
Diablo: 31, 65.
diarios: 39, 98, 155, 194.
Dido: 24.
Dignitas: 204.
Diocleciano: 28.
Diógenes: 25.
Dios: 24, 29, 30, 32, 35, 42, 50, 52, 61, 67, 80, 112, 165, 166.
disfuncional: 74, 75, 159, 163, 175.:
disparo: 15, 45, 86, 93, 119, 129, 131, 143, 148, 167.
dolor: 14, 16, 50, 74-79, 83, 85, 87, 88, 90, 148, 151, 158, 162, 169-222.
Donne, John: 37, 164.
Donnersmark, Florian von: 107.
Dostoievski: 53.
Drion: 196, 202, 203.
droga: 12, 90, 97, 214.
Dunne, Edward: 76.
Dunne-Maxim, Karen: 76.
Durkheim, Émile: 35, 56, 57, 100, 126, 138.
Dworkin, Ronald W.: 181.

ÍNDICE ANALÍTICO

Ebeye, isla de: 132.
edad: 84, 93, 121, 133, 140, 143, 151, 172, 203, 217.
Edad Media: 31, 33, 35, 63.
Edad Moderna: 33, 110.
efecto Werther: 126, 127, 161, 211, 216.
Effexor: 181, 186.
Egipto: 22, 128.
Eiffel: 137.
ejército: 25, 173.
El anillo del nibelungo: 47
El Mundo: 140.
El País: 94, 101, 155, 186, 197, 211.
Eleazar: 27.
electroshock: 174.
Eli Lilly: 179, 183.
Elliot, Carl: 176.
emigración: 96.
Emilia Galotti: 131.
Empédocles: 25.
enamorar: 46, 120, 128, 132.
Encuesta Nacional de Salud: 172.
enemigo: 17, 24, 26, 30, 61.
enfermedad incurable: 23, 98, 197, 201, 204.
enfermedad mental: 52, 97, 99, 149, 152, 154, 165, 174, 191, 195-198, 203, 214, 215, 220.
enterramiento: 32, 61, 63, 68, 69, 85, 110, 119.
epicúreo: 23.
epidemia: 12, 34, 110, 126, 160, 164, 195.
época exprés: 189.
Erasmo: 34.
Escala de Depresión de Hamilton: 117.
escándalo: 17, 21.
escarnio público: 31, 40, 52.

Escipión Emiliano: 113.
esclavitud: 25, 26, 32, 113.
Escocia: 212, 213.
escritor: 34, 39, 41, 45, 46, 59, 101, 129-131, 192.
Escrituras: 28, 35, 37.
espada: 24, 26, 27, 31, 60, 65.
esperanza: 69, 200, 210, 216.
Espíritu Santo: 30.
Esquilo: 23.
Esquirol, Jean-Étienne: 52.
Estado: 25, 44, 50, 66, 120, 198, 203.
Estados Unidos: 87, 93, 101, 109, 121, 133-135, 150, 174, 177, 216.
estereotipo: 73.
Estobeo: 50.
estoico: 23, 24, 50.
Estrada, Bertha: 143.
estrés postraumático: 76.
Europa: 38, 40, 51, 58, 66, 67, 91, 100, 110, 118, 120, 127, 128, 132, 153, 154, 156.
eutanasia: 23, 68, 133, 197-205.

factor de riesgo: 95-97, 153, 209, 217, 218.
factor social: 56, 89, 95, 100, 107, 108, 110, 122, 136, 151, 153.
Falret, Jean-Pierre: 81.
familia 11, 14-17, 23, 35, 32, 33, 35, 37, 41, 51, 55, 56, 69, 70, 73-84, 89, 91, 93, 96, 97, 101, 104, 106, 108, 109, 117, 118, 125, 129, 147, 148, 151-154, 159, 161, 178, 183, 192, 206, 208, 210, 211, 214, 217, 220.
farmacéutico: 82, 173, 175-190.
Farr, William: 138.
FDA: 182, 185.

Fedden, Henry: 80.
Federico el Grande: 120.
Federico Guillermo: 120.
felicidad: 82, 105, 107, 166, 181, 188, 196.
femicidio: 143.
filosofía: 22, 23, 29, 41, 42, 44, 49, 50,: 70, 130, 155.
Fine, Carla: 77, 85, 86, 88, 178.
Finlandia: 108, 109, 122.
Flaubert: 46, 53, 54.
Florencia: 34.
flujo neuronal: 179.
fluoxetina: 183, 186.
forense: 84, 97.
Fort Worth: 143.
francés: 38, 45, 52, 63, 64, 66, 67, 81, 128.
Francia: 38, 46, 64, 101, 109, 118, 119.
Frankl, Viktor: 193.
Freud, Sigmund: 53-57, 179.
Friedrich, Maximiliam: 44.
Fukuoka: 115.
funeral: 25, 32, 74, 85, 86.
furia: 26, 63, 147.

Gales: 132.
gas: 135, 213.
gaseamiento: 198.
gay: 118, 121, 122.
Geigy: 176.
genealogía: 22, 32, 78.
genoma: 82.
Gidoret: 46.
Gilpin, Richard: 65.
GlaxoSmithKline: 184.
Gloomy Sunday: 163
gobierno: 11, 102, 108, 130, 152, 153, 212-215.

Goebbels, Joseph: 198.
Goethe, Johan Wolfgang von: 45, 46, 127-131.
Goeze, Johan Melzior: 130.
Gogol, Nikolai: 120.:
Golden Gate: 114, 136-138.
gracia divina: 69.
Grecia: 23-25, 112.
Grosz, George: 58.
guerra: 29, 31, 34, 41, 58, 59, 61, 76, 103, 109-111, 159, 195, 199, 217.
guerrero: 24, 61, 62, 112.
Guido Cagnacci: 35.
Guido Reni: 35.
gurú: 112.
Guyana: 114.

Haaretz: 194.
Haarle: 202.
Halbwachs, Maurice: 57.
Hale-Bopp: 115.
Halle, Dorothy: 58.
harakiri: 60.
hastío: 33-35.
Healy, David: 183.
Hemenway, H. B.: 138, 139.
Hemingway, Ernest: 164.:
herencia: 21, 25, 28, 36, 52, 63, 78-82, 120, 171, 198.
héroe: 24, 46, 53, 60, 88, 128, 129, 131.
heterosexual: 118, 121.
hierba de San Juan: 184.
Highsmith, Patricia: 59.
higiene racial: 198.
hijo: 16, 17, 41, 75, 77, 78, 81, 82, 93, 103, 132, 143, 144, 161, 201.
hikikomori: 103, 104.
hindú: 50.
hipérico: 184.

ÍNDICE ANALÍTICO

Hohenhausen, Elise von: 180.
Holanda: 196, 200-203.
Holbach, Baron de: 43.
Holiday, Billie: 164.
Holocausto: 193-195.
hombres, 21, 23, 24, 28, 30, 52, 66, 91-95, 103, 113, 121.
homenaje: 157.
homicidio: 29, 31, 33, 41, 54, 68, 77, 143, 159, 217.
homofobia 118-122.
homosexual 118-122, 209.
Hong Kong: 133.
honor: 23, 25, 27, 28, 31, 32, 35, 38, 46, 50, 60, 61, 68, 103, 120, 137.
horror: 41, 50, 58, 75, 77, 89, 110, 142, 163, 193, 199.
Hudson Oaks: 143.
Humaine: 119.
Hume, David: 42, 43.
humillación: 27, 65.
Humphry, Derek: 133.
Hungría: 100, 107, 164.
Hurtado, Andrés: 59.
Hyogo: 115.

identificación: 117, 122, 134, 143.
ignominia: 66.
II Guerra Mundial: 61, 103.
Ilustración: 41, 42, 66.
imaginario: 52, 74, 79, 102, 142.
imipramina: 176.
imperio: 22, 28, 34, 61, 113, 175, 180, 205, 218.
inconsciente: 55, 58, 173, 179.
indefensión: 17, 113, 149, 163, 206.
India: 17, 47, 62, 67, 93, 191, 192.
industria mediática: 150, 159.
industria farmacéutica: 173, 181, 183.

INE: 93, 95.
informativo: 38, 58, 141, 142, 144, 145, 149, 157, 161, 162.
Inglaterra: 38, 39, 43, 49, 67, 84, 102, 122, 132, 213.
inglés: 37-39, 41, 46, 62, 67, 102, 122, 128, 130, 164, 165.
inihibores selectivos de la recaptación de serotonina (IIRS): 178, 182.
injusticia: 15, 199.
intelectual: 34, 35, 48.
inteligencia: 129, 156.
intentos de suicidio: 67, 84, 87, 90, 116, 121, 133, 145, 152, 155, 183, 200, 208, 209, 217, 218.
Internet: 115-117, 138, 154, 207.
intoxicación: 134.
Irán: 101.
Irlanda: 67, 213.
islamismo: 32.
Isócrates: 25.
Israel: 26, 113, 194.
Ixtab: 61.

Japón: 60, 61, 100, 102, 109, 135, 136, 212, 213, 215.
Jardin du Roi: 21.
Jehová: 112.
Jerusalén: 112.
Jesucristo: 28.
John Hopkins, Universidad: 25, 81, 106, 130.
Jones, Jim: 114.
Jordania: 101.
Jorge V: 122.
Jose Manuel Rodríguez *Rodri*: 157.
Josefo, Flavio: 113.
Journal of Sociological Medicine: 139.

judaismo: 32.
Judas: 28.
Judea: 112.
judío: 32, 112, 113, 194.
justicia: 15, 22, 31, 37, 68, 105, 119, 199, 202, 216.

Kalho, Frida: 58.
kamikaze: 69, 103.
Karolinska Institute: 104.
Karsten: 129.
Katte, Hans Hermann von: 120.
Khan, Arif: 185.
Kirsch, Irving: 185, 186.
Konstantinovsky, Matvey: 120.
Koppel, Ted: 220.
Koresh, David: 114

La Gioconda: 47.
La nueva Eloisa: 43.
La Rioja: 92.
La vida de los otros: 107.
Lamartine: 45.
Las horas: 161.
Las penas del joven Werther: 45, 127.
Lassberg, Christiane von: 129.
Latinoamérica: 109.
Ledger, Heath: 142.
legislación: 40, 62, 214.
legitimidad: 25, 36, 66, 70.
Leipzig: 130.
lesbiana: 118, 121, 122.
lesiones cerebrales: 52
Lessing, E.: 131.
Lester, David: 193, 194.
letal: 61, 198, 200, 203, 204, 207, 209.
Levi, Primo: 96, 192, 204.
ley de Dios: 30, 112.
ley natural: 29, 37, 164.

Líbano: 67.
libertad: 13, 24, 33, 42, 44, 49, 197, 209.
libido: 54.
libro de estilo: 140, 155.
Liebneiner, Wolfgang: 198.
Lille: 63.
literatura: 24, 26, 40, 50, 53, 59, 88, 127, 132, 163.
Lituania: 217.
Liu: 47.
locura: 23, 37, 46, 51, 52, 78, 81, 87, 125.
Lord Byron: 45.
Louret, Lou: 114.
Love, Courtney: 148.
Lucano: 25.
Lucrecia: 25, 30, 35.
Luis II de Baviera: 58.
Lutero: 34.
luto: 75.

Madama Butterfly: 47.
Madame Bovary: 53.
Madame de Staël: 48.
Madrid: 94, 137.
Mahoma: 33.
Málaga: 110.
Malvinas, guerra de las: 109.
Manet: 53.
Manfred: 45.
manifiesto: 17.
Marco Antonio: 24.
marginalidad: 52.
marketing: 180, 184, 188,
Marsden, Paul: 138
Masada: 112, 113.
maya: 61, 62.
McGill's Life Insurance, manual: 87.

ÍNDICE ANALÍTICO

McIntosh, John: 76
Meana, Javier: 187.
medicalizar: 175.
medicina: 78, 81, 84, 94, 104, 125, 189, 190.
médico: 21, 35, 36, 38, 41, 51, 52, 80, 84, 91, 93, 94, 97, 110, 133, 176-178, 181, 189, 190, 198, 200-203, 214.
medios de comunicación: 58, 115-117, 134, 135, 139, 142-181.
Medusa: 15.
Meissen: 129.
melancolía: 35, 36, 51, 54, 66.
memoria: 30, 31, 41, 114, 116, 125, 174, 183.
Meninger, Karl: 55, 57.
mentalidad: 34, 35, 51, 52, 66, 210, 221.
merchandising: 128.
Merck: 176.
metro: 134.
México: 157.
micado: 61.
Micronesia: 132.
Mihara: 136.
Milán: 35, 130.
Mileto: 126.
Millais: 47.
Milord Edouard: 43.
Milroy: 84.
ministerio: 95, 177, 186, 202.
Minois, George: 25, 31, 34, 38, 40, 44, 48, 64, 65, 106, 110, 119, 130, 165.
minusvalía: 192.
miseria: 23, 31, 43, 48.
Mistral, Jorge: 157.
mito: 38, 40, 47, 60, 61, 70, 88, 98, 102, 194.

Molière: 131.
monóxido de carbono: 115.
Monroe, Marilyn: 134.
Montaigne: 35.
Montero, Rosa: 101.
Moore, Julianne: 161.
moral: 24-26, 28, 31, 34, 38, 41, 42, 44-46, 48-53, 68, 74, 75, 85, 125, 130, 165, 219.
morbo: 40, 53, 147, 149, 156, 157, 161.
mortalidad: 84, 89, 141, 152.
Mrs. Dalloway: 59.
Muerte de un estudiante: 135.
mujeres: 21, 23, 30, 46, 50, 62, 63, 66, 91-94, 102, 113, 150, 174, 217.
Murakami: 59.

nacionalidad: 151.
Naciones Unidas: 121, 171, 217.
Napoleón: 128.
Navarro, César: 95.
Nerón: 25.
neurocirugía: 179.
neurosis: 172, 175, 180, 219.
New England Journal of Medicine: 133
Newsweek: 190.
Nietzsche, Friedrich: 50.
Nightline: 220.
niños: 16, 79, 92, 93, 113, 137, 147, 172, 177, 182, 198, 220.
Nirvana: 148.
nobleza: 23, 25, 27, 31, 50, 60, 61, 64, 65.:
Novalis: 45.
novela: 45, 46, 59, 120, 127-131, 165.
Nueva York: 77, 133, 141.
Nueva Zelanda: 121.

nuevas tecnologías: 117.
Nuevo Testamento: 42, 49.
Numancia: 113.
NYU: 141.

Observatorio de Salud de la Infancia y la Adolescencia: 92.
Occidente: 60, 94, 125.
Odín: 60.
Ofelia: 37, 47.
Okada, Yukiko: 135.
Oklahoma: 67.
Olaf, Edwin: 58.
omnicidio: 106.
ONG: 155, 216.
opinión pública: 38, 48, 69, 81, 136, 183, 192.
Orden del Templo Solar: 114.
Organización Mundial de la Salud (OMS): 89, 90, 97, 100, 101, 152, 153, 172, 191, 192, 216
orientación sexual: 118, 120.
Ortiz, Erika: 142.
ortodoxo: 62, 112.
Oscar: 107.
ostracismo: 62, 122, 158.
Ouse: 88.
Oxford: 144, 145, 150.

Pacífico Sur: 132.
pacto de muerte: 115.
Padre de la Iglesia: 29.
pagano: 28.
página web: 116.
Palach, Jan: 132.
Pamuk, Oran: 59.
paraquat: 213.
parasuicidio: 90.
París: 21, 39, 119.
paro: 108.

paroxetina: 186.
paroxismo: 44, 142.
pastilla: 158, 177-187, 200, 202, 203.
Patel, Vikram: 191.
Pato Donald: 129.
patológico: 50, 51, 78,
patria: 44.
patrimonio: 26, 41, 125.
Paxil: 182, 184, 186.
pecado: 26-29, 35, 51, 52, 65, 68, 80, 121, 126.
pérdida: 14, 54, 74, 75, 77, 78, 84, 87, 91, 96, 99, 104, 106, 152, 210.
Pérez, Dee Etta: 143.
periódico: 38, 39, 119, 134, 140, 150, 155, 186.
periodista: 109, 116, 142, 145-150, 155.
Persikovitz, Aharon: 194.
Petronio: 25.
Philips, David: 127.
Picasso, Pablo: 53.
Pilgrim, Charles W.: 80.
Pío Baroja: 59.
pira funeraria: 17, 47, 62.
Pitágoras: 23, 25.
placebo: 184-187.
plaga: 161, 165.
Platón: 23.
plebe: 23.
Plinio: 24, 50.
Plutarco: 126.
poder político: 29, 105.
policía: 67, 77, 84, 85, 115, 116, 143, 155, 216.
polis: 23.
política: 86, 89, 105-112, 118, 139, 140, 150, 154, 155, 162, 214, 216, 222.

ÍNDICE ANALÍTICO

póliza de seguro: 55, 84, 86.
Ponchielli, Amilcare: 47.
post mórtem: 64, 116, 126, 147.
póstumo: 43, 116, 117.
prejucio: 21, 45, 73, 74, 75, 79, 81, 83, 99, 122, 164, 173, 189, 220.
prensa: 38, 39, 58, 115-117, 127, 134, 139, 140-142, 144, 146, 149, 152, 156, 158, 160, 165, 184, 185, 190, 217.
PressWise: 135, 149, 151.
prevención: 137, 148, 150, 152, 154, 156, 162, 172, 206, 209-221.
Primavera de Praga: 132.
Prince, John: 65.
Pritchard, Colin: 108.
privado: 29, 41, 43, 108, 148, 159, 166, 204, 209, 215.
proactivo: 210.
profilaxis: 219.
prohibición: 28, 32, 33, 37, 50, 66, 68, 121, 128, 130, 140, 143, 164,
Prometeo: 23.
proscripción: 57, 63, 125, 126, 166.
protocolo: 67, 76, 99, 145, 203.
Prozac: 177-187.
Prusia: 120.
psicoanálisis: 54, 57, 173, 178, 180, 188.
psicofármaco: 175, 190, 205.
psicología: 57, 58, 70, 155, 173, 180, 188.
psicoterapia: 180, 186, 188, 190, 205.
psiquiatría: 52, 76, 79, 81, 133, 141, 150, 181, 205.
psiquiátrico: 91, 97, 127, 194, 203.
publicidad: 133, 138, 147, 188.
Puccini: 47.
puritano: 42.

Quinto mandamiento: 28
quirúrgico: 189.

rabia: 75, 77, 82.
rabino: 85.
Ragnarok: 47.
Rajastán: 63.
Randall, Natasha: 116.
Raphael: 45.
Ratón Mikey: 129.
Razís: 27.
RDA: 107, 108.
reality show: 158.
Reforma: 34, 42.
régimen nazi: 193, 194, 198, 199.
rehabilitar: 189.
Reino Unido: 39, 67, 140, 186, 215.
relativismo: 63.
religión: 22, 29, 40-42, 50, 69, 99, 166, 173, 179, 197, 216.
Rembrandt 35.
Renacimiento 33-35.
Renault: 136.
René: 45.
reproche: 14, 15, 74, 77, 86, 106, 163, 195.
República de Mauricio: 217.
República romana: 126.
repúblicas bálticas: 107.
revolución: 34, 128, 173, 174.
Revolución Francesa: 66.
rey: 26, 27, 44, 46, 112, 119, 120, 122, 126.
ritual: 17, 60, 103.
RNE: 157.
Roma: 25, 112, 113, 126
romanticismo: 45, 47, 51, 66.
Ronin: 103.
Rousseau 43, 49.
ruina: 30, 55, 58, 96, 106, 111, 113.

Ruiz Barriocanal, Daniel: 92.
Rusia: 100, 107, 217.

sacerdote: 85, 120.
sacrificio: 24, 55, 56, 62, 106
Sagunto: 113.
Saint-Denis: 119.
Saint-Preux: 43.
Saint-Victor, Gautier de: 41.
Samaritan: 135, 148.
Samoa: 213.
samuráis: 61, 103.
San Agustín: 29, 30, 36, 41, 48.
San Francisco: 114, 137, 138.
San Petersburgo: 120.
sanidad: 177, 186-188, 197.
sánscrito: 62.
Sansón 26, 27, 30.
Santa Apolonia: 28.
Santa Pelagia de Antioquía: 28
Saramago, José: 114.
Sardanápalo: 46.
Sarraceno Benedetto: 97.
Satán: 42, 65, 117.
sati: 17, 64.
Saúl: 26.
Save Young Life in Europe: 211.
Schneidman, Edwin: 54, 58, 207, 221.
Schlettwein: 130.
Schopenhauer, Arthur: 49, 50.
Schubert: 47.
secreto: 17, 74, 198, 209.
secuestro: 74, 142, 145, 157.
Segovia, calle: 137.
Seiden, Richard H.: 138.
señal de alarma: 150, 175, 207.
Séneca: 24, 50.
sensiblidad: 44, 48, 78, 156, 158, 162, 188.
seppuku: 60, 62.

Seress, Rezso: 163.
Serotax: 186.
serotonina: 175-182.
Serzone: 186.
sexo: 68, 120, 121, 151.
Shelley: 45.
sicario: 112.
sida: 172, 214.
Sigfrido: 47.
Siglo de las Luces: 44.
Singapur: 67.
Sísifo: 70, 98.
Smith, Septimus: 59.
sobredosis: 93, 135.
sociología: 126, 127.
Sócrates: 24, 42.
soldado: 25, 27, 109, 119.
soledad: 15, 48, 57, 91, 96, 99, 106, 158, 206.
solidaridad: 33, 69, 110.
sordidez: 14, 53.
Soria, Bernat: 197.
Sri Lanka: 67, 108, 217.
Steel, Eric: 137.
Sturm und Drang: 44.
Suecia: 102, 212.
sueño: 36, 101, 121, 179, 206.
suicidio asistido: 196, 197, 201.
suicidio colectivo: 111, 112.
suicidio egoísta, altruista y anómico: 56.
suicidología: 57, 58.
Suiza: 109, 196, 203, 212-215.
Summa Theologica 32.
superstición: 40, 173.
superviviente: 74, 78, 87, 193-195.
SUPRE: 152.
Sutorius, Philip: 202.
suttee: 62.

ÍNDICE ANALÍTICO

tabaco: 90.
tabú: 14, 40, 59, 102, 119, 126, 150, 152, 153, 155-157, 162-166, 212, 219.
taedium vitae: 33.
Támesis: 133.
Tarquino el Soberbio: 126.
tasa de suicidio: 35, 38, 89, 92, 109, 110, 150, 194.
Tchaikovsky: 120.
Technocentre: 136.
Tel Aviv: 194.
televisión: 104, 135, 136, 144, 154, 182, 190.
Temístocles: 25.
Templo el Pueblo: 114.
teología: 66.
terapia: 82, 104, 122, 173, 174, 186, 189, 200.
Texas: 114, 143.
Thatcher, Margaret: 108.
The American Journal of Psychiatry: 184.:
The New York Times: 181.
Tiergartenstrasse: 198.
tilo, El: 47.
Tirgo: 92.
Tofranil: 76.
Tomás de Aquino: 30, 32.
Tosca: 47.
toxico: 181, 217.
traición suicida: 165.
transexual: 118, 121, 122.
trauma: 79, 82, 174, 179, 219.
Tribunal de Nuremberg: 199.
tristeza: 17.
Turandot: 47.

Uganda: 61.
Unamuno: 59.

Vacaciones en Polonia: 166.
Valencia: 157.
Valhalla: 60.
vanidad: 222.
Vaticano: 68.
Vázquez, Ana Patricia: 174.
venlafaxina: 186.
vergüenza: 25, 31, 64, 65, 74, 77, 126, 147, 159, 173, 206
vía de tren: 135.
viaducto: 137.
Viaje de invierno: 47.
Viena: 134, 139.
Vigny, Alfred-Victor: 45.
VIH: 172.
vikingo: 60.
violación: 28, 37, 76.
violencia: 15, 40, 58, 90, 93, 94, 112, 143, 149, 151, 154, 159, 193, 217.
virtual: 112, 116, 117, 132, 185.
volcán: 136.
Voltaire: 41, 42, 119.

Wagner: 47.
wajagga: 61.
Weimar: 129.
Wellbutrin: 182.
Wellcome Trust: 191.
Wertheimer, Alison: 75.
Wertherfieber: 128.
Willour, Virginia: 81.
Winslow, Forbes: 21, 80.
Woolf, Virginia: 59, 87.

Yach, Derek: 192.
Yo acuso: 198.
Yukiko, síndrome de: 135.

Zamora: 116.

Zaratustra: 51.
zelotes: 112, 113.
Zenón: 25.

Zimbawe: 192.
Zoloft: 182.
Zurich: 204.

Murcia, n.º 2. Colonia de los Ángeles. 28223, Pozuelo de Alarcón.
Madrid (España)
☎: (34) 918625289. E-mail: madrid@plazayvaldes.com
Página web: *www.plazayvaldes.es*

TÍTULOS PUBLICADOS

- *El ajedrez de la filosofía.*
  Francisco J. Fernández.
- *Ética y servicio público.*
  Lorenzo Peña, Txetxu Ausín y Oscar Diego Bautista (eds.).
- *Claves actuales de pensamiento.*
  María G. Navarro, Betty Estévez Cedeño y Antolín Sánchez Cuervo.
- *Pensar la filosofía hoy.*
  José Ignacio Galparsoro y Xabier Insausti (eds.).
- *Antropología filosófica de Wittgenstein.*
  Jesús Padilla Gálvez (ed.).
- *El discurso del miedo. Inmigración y prensa en la frontera sur de la Unión Europea.*
  Rodrigo Fidel Rodríguez Borges. Prólogo de Victoria Camps.
- *Historia de la decadencia y ocaso de los Estados libres griegos.*
  Wilhem Von Humboldt. Edición y traducción de Salvador Mas.
- *Rawls y la sociedad liberal.*
  Mariano C. Melero de la Torre. Prólogo de Javier Muguerza.
- *Soñando Monstruos. Terror y delirio en la modernidad.*
  Vicente Serrano Marín.
- *H. Marcuse y los orígenes de la teoría crítica.*
  Herbert Marcuse. Edición y traducción de José Manuel Romero.
- *Teoría de la revolución. Sistema e historia.*
  Felipe González Vicén. Prólogo de Eusebio Fernández.
- *La pendiente resbaladiza. La práctica de la argumentación moral.*
  M.ª Teresa López de la vieja.
- *Arte y ciencia: mundos convergentes.*
  Sixto Castro y Alfredo Marcos (eds.).
- *Teorías y prácticas de la historia conceptual.*
  Faustino Oncina (ed.).
- *Racionalidad, visión, imagen.*
  Iñaki Ceberio, Javier Aguirre y Oscar G. Gilmás (eds.).
- *El otro y el símbolo. Hermenéutica analógica, ética y filosofía política.*
  Francisco Arenas-Dolz (ed.).
- *Interpretar y argumentar.*
  María Navarro. Prólogo de Luis Vega.
- *Memoria de 1808: Las bases axiológico-jurídicas del constitucionalismo español.*
  Lorenzo Peña y Txetxu Ausín (coords.).
- *Cassirer y su Neo-Ilustración.*
  Ernst Cassirer. Edición y traducción de Roberto R. Aramayo.
- *Diferencia y libertad.*
  Jesús de Garay.